Salah Sohbi

Vergleich und Bewertung von Ansätzen der Orga.... logie-/ Prozeßmessung

Unter besonderer Berücksichtigung der Wirtschaftlichkeit

Bibliografische Information der Deutschen Nationalbibliothek:

Bibliografische Information der Deutschen Nationalbibliothek: Die Deutsche
Bibliothek verzeichnet diese Publikation in der Deutschen Nationalbibliografie;
detaillierte bibliografische Daten sind im Internet über http://dnb.d-nb.de/ abrufbar.

Copyright © 1997 Diplomica Verlag GmbH
Druck und Bindung: Books on Demand GmbH, Norderstedt Germany
ISBN: 9783838614366

http://www.diplom.de/e-book/217292/vergleich-und-bewertung-von-ansaetzen-
der-organisations-informationstechnologie

Salah Sohbi

Vergleich und Bewertung von Ansätzen der Organisations-, Informationstechnologie-/ Prozeßmessung

Unter besonderer Berücksichtigung der Wirtschaftlichkeit

Diplom.de

Salah Sohbi

Vergleich und Bewertung von Ansätzen der Organisations-, Informationstechnologie-/ Prozeßmessung

Unter besonderer Berücksichtigung der Wirtschaftlichkeit

Diplomarbeit
an der Universität Berlin
Fachbereich Wirtschaftswissenschaften
Januar 1997 Abgabe

Diplomarbeiten Agentur
Dipl. Kfm. Dipl. Hdl. Björn Bedey
Dipl. Wi.-Ing. Martin Haschke
und Guido Meyer GbR

Hermannstal 119 k
22119 Hamburg

agentur@diplom.de
www.diplom.de

Sohbi, Salah: Vergleich und Bewertung von Ansätzen der Organisations-, Informationstechnologie-/ Prozeßmessung: Unter besonderer Berücksichtigung der Wirtschaftlichkeit / Salah Sohbi.· Hamburg: Diplomarbeiten Agentur, 1999
Zugl.: Berlin, Univ., Dipl., 1997

Dipl. Kfm. Dipl. Hdl. Björn Bedey, Dipl. Wi.·Ing. Martin Haschke & Guido Meyer GbR
Diplomarbeiten Agentur, http://www.diplom.de, Hamburg 1999
Printed in Germany

Diplomarbeiten Agentur

Wissensquellen gewinnbringend nutzen

Qualität, Praxisrelevanz und Aktualität zeichnen unsere Studien aus. Wir bieten Ihnen im Auftrag unserer Autorinnen und Autoren Wirtschaftsstudien und wissenschaftliche Abschlussarbeiten – Dissertationen, Diplomarbeiten, Magisterarbeiten, Staatsexamensarbeiten und Studienarbeiten zum Kauf. Sie wurden an deutschen Universitäten, Fachhochschulen, Akademien oder vergleichbaren Institutionen der Europäischen Union geschrieben. Der Notendurchschnitt liegt bei 1,5.

Wettbewerbsvorteile verschaffen – Vergleichen Sie den Preis unserer Studien mit den Honoraren externer Berater. Um dieses Wissen selbst zusammenzutragen, müssten Sie viel Zeit und Geld aufbringen.

http://www.diplom.de bietet Ihnen unser vollständiges Lieferprogramm mit mehreren tausend Studien im Internet. Neben dem Online-Katalog und der Online-Suchmaschine für Ihre Recherche steht Ihnen auch eine Online-Bestellfunktion zur Verfügung. Inhaltliche Zusammenfassungen und Inhaltsverzeichnisse zu jeder Studie sind im Internet einsehbar.

Individueller Service – Gerne senden wir Ihnen auch unseren Papierkatalog zu. Bitte fordern Sie Ihr individuelles Exemplar bei uns an. Für Fragen, Anregungen und individuelle Anfragen stehen wir Ihnen gerne zur Verfügung. Wir freuen uns auf eine gute Zusammenarbeit

Ihr Team der *Diplomarbeiten* Agentur

Dipl. Kfm. Dipl. Hdl. Björn Bedey
Dipl. Wi.-Ing. Martin Haschke
und Guido Meyer GbR

Hermannstal 119 k
22119 Hamburg

Fon: 040 / 655 99 20
Fax: 040 / 655 99 222

agentur@diplom.de
www.diplom.de

Diplomarbeit

Vergleich und Bewertung von Ansätzen der Organisations-, Informationstechnologie- / Prozeßmessung

Unter besonderer Berücksichtigung der Wirtschaftlichkeit

Universität Berlin

Abgabe: Januar 1997

Einleitung

Erschwerte Wettbewerbsbedingungen zwingen viele Unternehmen, sich neuen Organisationsformen zuzuwenden. Hierzu zählt insbesondere die prozeßorientierte Gestaltung der Organisation, die mit Hilfe von neuen Informationstechnologien (IT) umgesetzt werden soll. Um die Gründe für eine zunehmende Orientierung hin zu prozeßorientierten Organisationen zu verstehen, muß zunächst eine kurze Beschreibung der traditionellen Organisationsgrundsätze, also der Aufbau- und Ablauforganisation, gegeben werden.

Vor der Umorganisation einer traditionell aufbauorientierten Organisation zu einer prozeßorientierten ist es nötig, Vergleiche zu ziehen. Dafür sind Ansätze nötig, die die alten Organisationsstrukturen miteinander vergleichbar und bewertbar machen. Die vergleichende Organisationsforschung basiert auf verschiedenen Ansätzen, welche die Organisation aus verschiedenen Perspektiven untersucht. Auf den situativen Ansatz als Erklärungsansatz wird näher eingegangen.

Für die Umsetzung einer prozeßorientierten Organisation werden neue IT eingesetzt. Untersucht werden IT und Aktivitäten im Verwaltungsbereich. Eine nähere Betrachtung der IT und der Aufgaben im Verwaltungsbereich werden im Kapitel zwei untersucht. Bevor Kapital in die prozeßunterstützenden Technologien gebunden wird, müssen diese nach Ihren Kosten und Nutzenwirkungen bewertet werden, um Wirtschaftlichkeitsuntersuchungen durchführen zu können. Betrachtet werden daher im Kapitel drei operative und strategische Nutzenwirkungen, wobei die komplizierte Quantifizierbarkeit bzw. Monetarisierbarkeit der letzteren die Bewertung erschwert. Die strategischen Wirkungen stellen sich positiv in der Durchlaufzeitverkürzung und Qualitätssteigerung der erstellten Büroprodukte dar. Vorgestellt werden ferner die heute zur Verfügung stehenden betriebswirtschaftlichen Instrumentarien, welche in Ansätzen eine Bewertung der IT und Aktivitäten ermöglichen sollen. Methoden die die quantifizierbaren und qualitativen Nutzenwirkungen zu erfassen versuchen, werden nach bestimmten Kriterien systematisiert, miteinander verglichen und bewertet.

Da die Technik bei einer Umorganisation, nicht isoliert betrachtbar ist, sondern auch der Mensch im Mittelpunkt solcher Veränderungen steht, werden abschließend auch Methoden zur Messung der Belastungen und Beanspruchungen am Arbeitsplatz vorgestellt und bewertet.

1. Organisationsgrundsätze

1.1. Organisationsbegriff

In der Organisationsforschung werden verschiedene Organisationsbegriffe verwendet. Je nach Untersuchungsgegenstand der Organisation werden Organisationsdefinitionen gebildet. So kann man als Organisation ein soziales Gebilde, das dauerhaft ein Ziel verfolgt und eine formale Struktur aufweist, mit dessen Hilfe Aktivitäten der Mitglieder auf das verfolgte Ziel ausgerichtet werden[1] verstehen. Während die klassische Betriebswirtschaftslehre von dem alleinigen Ziel der Gewinnmaximierung ausgeht, ist es in der neueren Betriebswirtschaftslehre unstrittig, daß unternehmerisches Handeln durch mehrdimensionale Zielvorstellungen bestimmt wird. Solche Zielvorstellungen umfassen sowohl ökonomische als auch nichtökonomische Ziele, die gleichzeitig angestrebt werden[2].Um diese Ziele zu erreichen, muß die Organisation so gestaltet werden, das diese Ziele bestmöglich erreicht werden.

1.2. Gestaltungsbeiträge für Organisationen

Die von der Organisationstheorie und -praxis entwickelten Grundkonzepte basieren auf unterschiedliche Kombinationen von Strukturierungsprinzipien.
Diese lassen sich folgendermaßen gliedern[3]:

Die Aufgabengliederung nach dem
a) Verrichtungsprinzip und dem
b) Objektprinzip

Die Herstellung von Leitungsbeziehungen nach dem
a) Einlinienprinzip und dem
b) Mehrlinienprinzip

---

[1] Vgl. Kieser, A./Kubicek, H.: (1992), S. 4

[2] Vgl. Heinen, E.: (1966), S. 49 ff

[3] Vgl. Grochla, E.: (1972), S. 178 ff u. 214 ff

Die Verteilung von Entscheidungsaufgaben mittels

a) Zentralisierung

b) Dezentralisierung.

Weiterhin werden Strukturdimensionen unterschieden, die für Fragestellungen wichtiger Aspekte der Organisationsstruktur eine Rolle spielen. Die Strukturdimensionen sind die Spezialisierung, Formalisierung, Entscheidungsdelegation, Koordination, Konfiguration und Professionalisierung[4]. Am Beispiel der Spezialisierung und Formalisierung wird ersichtlich, welche Inhalte die Dimensionen haben können.

"Als Spezialisierung bezeichnen wir die Form der Arbeitsteilung, bei der Teilaufgaben unterschiedlicher Art entstehen"[5]. Die Spezialisierung kann einen starken Einfluß auf die Struktur der Organisation haben, denn "je nachdem, welches Prinzip bei der systematischen Aufgabengliederung und Aufgabenzusammenfassung gewählt wird (z.B. Verrichtung, Objekt und so weiter) kommen unterschiedliche Strukturtypologien zustande"[6].

Dagegen wird unter dem Begriff der Formalisierung "allgemein der Einsatz schriftlich fixierter organisatorischer Regeln in Form von Organisationsschaubildern und -handbüchern, Richtlinien, Stellenbeschreibungen u.s.w."[7] verstanden.

Die wichtigsten Organisationsformen sind die funktionale, die divisionale und die Matrixorganisation. Alle drei Organisationsformen basieren auf dem Prinzip der Aufbauorganisation. Die Matrixorganisation zeichnet sich durch die Kombination folgender Elemente aus: Verrichtungsprinzip, Objektprinzip, Mehrlinienprinzip und Dezentralisation[8]. Betrachtet man die heutige Praxis, handelt es sich bei den anderen beiden um Organisationsformen geringerer Wichtigkeit.

Zur Erfüllung der Unternehmensaufgaben muß eine möglichst optimale Aufbau- und Ablauforganisation gebildet werden. Oder anders ausgedrückt: Die Organisation ist so zu gestalten, daß die Arbeitsteilung zur Erfüllung der Unternehmensaufgabe "optimal" vorliegt.

Optimalität ist an der Erfüllung bestimmter Kriterien - z.B. Flexibilität, Wirtschaftlichkeit - erkennbar, wobei Flexibilität Anpassung des Betriebes an die Umwelt bedeutet und Wirtschaftlichkeit heißt, daß mit der vorhandenen Organisationsstruktur versucht werden soll, die gewünschten Leistungen mit minimalem Einsatz von Ressourcen zu erreichen. Unwirtschaftlichkeit liegt dann vor, wenn eine Or-

---

[4] Vgl. Bellmann, U.:(1995), S. 159-164

[5] Kieser, A.; Kubicek, H.: (1992), S. 76

[6] Vgl. Bellmann, U.: (1995), S. 160

[7] Kieser, A., Kubicek, H.: (1992), S. 159

[8] Hill, W.; u.a.: (1974), S. 201 ff

ganisationsstruktur so gestaltet ist, daß der angestrebte Nutzen in keinem Verhältnis zu den organisationsbedingten Kosten steht.

Diese Kriterien können nicht als unabhängige Variablen betrachtet werden, da sie sich in ihren Wirkungen gegenseitig beeinflussen. So ist eine unflexible Organisation in einer dynamischen Umwelt weit unwirtschaftlicher als in einer statischen.

1.2.1. Ablauf- und Aufbauorganisation

Organisationen verfolgen bestimmte Ziele. Um diese Ziele zu erreichen, müssen bestimmte Aufgaben im Betrieb erfüllt werden. Angesichts der Fülle der verschiedenen Aufgaben muß in den Unternehmungen die Organisation so gestaltet bzw. Organisationsstrukturen so gebildet werden, daß diese Ziele effizient erreicht werden können.

Nordsieck und Kosiol gehören zu den Organisationstheoretikern, die sich mit der Strukturierung von Unternehmensaufgaben intensiv auseinandergesetzt haben. Befaßt man sich mit den Grundgedanken Nordsiecks und Kosiols, so stellt man fest, daß beide das Ziel haben, Organisationen auf ihren Aufbau hin zu untersuchen und zu fragen, ob dieser einen optimalen Arbeitsablauf gewährleistet. Nordsieck orientiert seine organisatorische Gestaltung an der Aufgabe und dem Betriebsprozeß. Er definiert die Aufgabe als "Ziel, welches durch schrittweise Verwirklichung erreicht werden soll, das heißt, welches eine Leistung erfordert"[9]. Interessenschwerpunkt bei der differenzierenden Betrachtung sind jene Aufgaben, welche einen Wiederholungscharakter aufweisen.

Für eine optimale Aufgabenerfüllung ist das Prozeßgliederungsprinzip wesentlich und daher Schwerpunkt der Betrachtung. Der Betriebsprozeß soll an den Stellen zerlegt werden, an denen eine Trennung der Zusammenhänge den Arbeitsablauf am wenigsten negativ beeinflußt und somit die Arbeit störungsfrei verlaufen kann. Kerngedanke hierbei ist, "daß der Betrieb in Wirklichkeit ein fortwährender Prozeß, eine ununterbrochene Leistungskette ist. Die wirkliche Struktur eines Betriebes ist die eines Stromes"[10].

Um die Übersichtlichkeit bei komplexen Organisationen zu erhalten, unterscheidet Nordsieck zwischen Betriebsaufbau und Betriebsablauf/Arbeitsablauf[11]. Der Betriebsaufbau beschäftigt sich mit der Planung, Gliederung, Verteilung, Verbindung sowie der Stellenorganisation des Betriebsaufbaus. Die Leistungsabstimmung, die

---

[9] **Nordsieck, F.: (1972a), S. 16**

[10] **Nordsieck, F.: (1972b), Sp. 9.**

[11] **Vgl. Nordsieck, F.: (1972a), S. 8**

Arbeitsverteilung auf organisatorische Teilbereiche des Unternehmens (Abteilungen, Stellen), Normung und Gliederung des Arbeitsablaufs sind Gegenstand des Betriebsablaufs.

Das in den dreißiger Jahren entwickelte Konzept Nordsiecks wird in jüngeren wissenschaftlichen Beiträgen zur Organisationslehre zunehmend wegen des Prozeßgedankens wieder aufgenommen[12].

Ähnlich wie Nordsieck unterscheidet Kosiol eine Ablauf- und eine Aufbauorganisation. Im Unterschied zu Nordsieck jedoch, der die Aufgabe als Resultat des Betriebsprozesses sieht, ist nach Kosiol selbst der eigentliche Ausgangspunkt jeder organisatorischen Grundhandlung die Aufgabe[13].

Seit Kosiol die Aufgabe als Hauptelement und deren Teilaufgaben sowie deren Erfüllung in den Mittelpunkt seiner Theorie stellte, wurde in der Organisationsforschung und -praxis zunehmend die Aufgabe als jegliches Fundament organisatorischen Handelns betrachtet. Er faßt dies folgendermaßen zusammen: "Die Erreichung der Unternehmensaufgabe bedeutet zuvor die Lösung einer bestimmten Leistungsaufgabe und begründet die wirtschaftliche Tätigkeit und Existenz der Unternehmung"[14].

Seiner Auffassung nach sollen sich die Komponenten der Aufgabe orientieren:

- an einem Verrichtungsvorgang, der als Arbeitsprozeß durchzuführen ist,
- an einem Gegenstand (Objekt), an dem sich die geforderte Tätigkeit vollziehen soll
- an sachlichen Hilfsmitteln und
- an einem Raum und in einer Zeit; in denen die Aufgabe durchgeführt wird[15].

Den Kern der Arbeit bildet das Analyse-/ Synthesekonzept, wobei Kosiol die o. g. Unterteilung sowohl auf die Aufbau- als auch auf die Ablauforganisation anwendet.

Die Aufgabenanalyse trennt die Unternehmensaufgabe in Oberaufgabe, Zwischenaufgaben und Einzel- oder Teilaufgaben. Die Elementaraufgaben werden in der Aufgabensynthese zusammengefaßt und auf organisatorische Einheiten verteilt. Die Gliederung der Teilaufgaben läßt sich nach den oben genannten analytischen Merkmalen der Aufgabe durchführen[16].

Kosiol betrachtet zuerst die Synthese der Aufgaben, erst danach berücksichtigt er die Aufgabenerfüllung. Somit löst er das Koordinationsproblem arbeitsteiliger Er-

---

[12] Vgl. Bellmann, K.: (1991), S. 107-111

[13] Vgl. Kosiol, E.: (1962), S. 61

[14] Kosiol, E. : (1962), S. 42

[15] Vgl. Kosiol, E.: ebenda, S. 44

[16] Vgl. Kosiol, E.: ebenda, S. 42 ff

füllung durch explizite Betrachtung der fünf Verteilungszusammenhänge. Innerhalb Nordsiecks Betrachtungen fanden seine Ausführungen zum Koordinationsbedarf arbeitsteiliger Erfüllung eine implizite Berücksichtigung durch den Betriebsprozeß.

Diese Ausführungen verdeutlichen, daß Nordsieck den Betriebsprozeß (die Ablauforganisation) in den Mittelpunkt seiner Betrachtungen stellt und Kosiol die Aufgabe (Aufbauorganisation).

1.2.2. Prozeßorientierte Organisation

Vor dem Hintergrund wachsender Märkte in den 60er Jahren gaben sich viele Unternehmen mit der Bildung von Aufbauorganisationen nach dem Konzept Kosiols zufrieden. Zunehmender Wettbewerbsdruck auf die Unternehmen führte in den 80er und 90er Jahren dazu, daß die Grundstrukturen der Aufbauorganisation neu überdacht wurden. Die vertiefte Auseinandersetzung mit den internen Aufgaben, die Funktionsorientierung der Abteilungen, d. h. die isolierte Aufgabenerfüllung in getrennten Stäben, Stellen und Abteilungen, hatten hohe Durchlaufzeiten, hohe Gemeinkosten und unzufriedene Kunden zur Folge.

Somit führte die Nichtberücksichtigung crossfunktionaler Zusammenhänge und die Vernachlässigung von stellenübergreifenden Prozeßabläufen in der Auftragserfüllung zu dem Schluß, daß die Ansätze der Aufbauorganisation in neuerer Zeit flexibilisiert werden mußten. Die prozeßorientierte Sichtweise versucht mit der heute zur Verfügung stehenden IT, speziell im Verwaltungsbereich, entgegenzuwirken.

Gaitanides und Hammer/Campy setzen sich intensiv mit dem Grundgedanken einer prozeßorientierten Organisation auseinander, wobei letztere die IT als wesentliche Voraussetzung hierfür sehen.

Nach Meinung Gaitanides behindert die von Kosiol priorisierte Trennung zwischen Ablauf- und Aufbauorganisation den reibungslosen Arbeitsablauf. Kritik äußert er dahingehend, daß Kosiol funktionsübergreifende sowie stellenübergreifende Prozeßabläufe in der Abwicklung von Aufträgen, der Rechnungssteuerung, der Abwicklung von Einkaufsvorgängen u. a. vernachlässigt und nur den Fertigungsbereich in seine Überlegungen einbezieht[17]. Er schlägt folgende Vorgehensweise vor:

"Im Sinne einer prozeßorientierten Organisationsgestaltung bedarf es daher zunächst der Feststellung inhaltlich abgeschlossener Erfüllungsvorgänge, die in ei-

---

[17] Vgl. Gaitanides, M.: 1(983), S. 62 ff

nem logischen inneren Zusammenhang stehen. Ausgehend von einer bestehenden Organisation kann die vororganisatorische Prozeßanalyse bei betrieblichen Funktionen ansetzen. Dort sind Erfüllungsinhalte (z.b. in sich abgeschlossene Beschaffungs-, Produktions-, Entwicklungs-, sonstige Verwaltungs- und Absatzprozesse) zu konstatieren"[18].

Ausgehend von diesem Ansatz wird die Prozeßorganisation als dreigliedrige Aktivität betrachtet. Sie gliedert sich in die Schritte[19]:

1. - vororganisatorische Prozeßanalyse,
2. - Verteilung von Prozeßelementen und
3. - Koordination der Prozesse.

Erich Freese faßt die Prozeßorientierung folgendermaßen zusammen:
"Die Prozeßorientierung äußert sich vor allem in der verstärkten Ausrichtung von Organisationsstrukturen an Geschäftsprozessen (hier Leistungsprozeß von seiner Auslösung bis zur Vertragserfüllung gegenüber dem Kunden) und dem Bestreben, die negativen Auswirkungen bremsender Abteilungsgrenzen durch Teams und Projektstrukturen zu überwinden (...)"[20].

Am Konzept von Gaitanides wird kritisiert, daß die außerbetriebliche Ausrichtung der Prozesse fehlt (Kundenorientierung), der Einsatz einer möglichen Rolle der Informations- und Kommunikationstechnologie nicht betrachtet wird, die individuellen und organisatorischen Ziele (Verbindung der Prozesse mit Anreizsystemen, z. B. Vertrieb) in den Hintergrund geraten und die Zerlegung der Prozesse in den Vordergrund gestellt wird, somit die Durchführung vernachlässigt wird[21].

Einen radikaleren Ansatz der Prozeßstrukturierung verfolgen Hammer & Campy in ihrem Werk "Business Reengineering", in dem alle Strukturen und Abläufe innerhalb eines Unternehmens in Frage gestellt werden. "Business Reengineering ist ein Neubeginn - eine Radikalkur"[22], das mit Hilfe eines Top-Down Vorgehens realisiert werden soll.

Die Organisationsstrukturen und -abläufe sollten so gestaltet werden, daß alle internen und externen Kundenanforderungen unter den Kriterien der Effizienz und Effektivität befriedigt werden. Dabei rücken die Prozesse in den Mittelpunkt ihrer Betrachtung. Die Mitarbeiter sollen sich auf wertschöpfende Prozesse konzentrie-

---

[18] Gaitanides, M.: ebenda, S. 65

[19] Vgl. Gaitanides, M.: (1992) Sp. 1 ff

[20] Freese, E.: (1994), S. 130

[21] Vgl. Kirn, S.: (1995), S.103

[22] Hammer, M.; Campy J.:(1995), S. 12-13

ren und diese forcieren. Die Fokussierung auf wertschöpfende Tätigkeiten bzw. die Bildung neuer wertschöpfender Prozesse soll mit Hilfe neuer Informations- und Kommunikationstechnologien umgesetzt werden.

Die Prozesse haben hierbei einen bestimmten Wert, der meßbar ist[23]. Der Wert drückt sich in Kosten, Zeit und Qualität aus. Die Antwort auf die Frage, wie diese Werte gemessen werden sollen und welche Methoden oder Verfahren verwendet werden können, wird offengelassen. Also legen Hammer und Campy kein Konzept der Analyse alter Strukturen vor, sondern verfolgen vielmehr die Idee, auf einem "weißen Blatt Papier das Unternehmen neu zu definieren"[24].

1.3. Meß- und Erklärungsansätze für Organisationsunterschiede

Eine Organisation muß bestmöglich gestaltet werden, um ihr Ziel zu erreichen. In der Organisationsliteratur wird versucht, anhand der Indikatoren Effizienz und Effektivität hierüber Aussagen zu treffen. Während sich diese Unterteilung (Effizienz/Effektivität) für empirische Untersuchungen durchaus eignet, ist sie in spezifischen Aspekten oft zu ungenau, um gezielte Aussagen zuzulassen.

1.3.1. Meßansätze

Die Erfolgsmessung bestimmter Organisationsstrukturen stellt die Organisationswissenschaft seit Jahren vor die gleichen Probleme. Es liegen bis heute keine Instrumentarien oder Methoden vor, die Abhilfe schaffen könnten. "Wir stehen vor der geradezu absurden und paradoxen Tatsache, daß der Erfolg der größten Änderungen organisationaler Systeme mit Hilfe exakter Analysen nicht mehr meßbar, ja kaum mit exakten Methoden schätzbar ist (...). Je tiefgreifender der Wandlungsprozeß, desto weniger operational meßbar ist sein Erfolg"[25].

Es sind jedoch Indikatoren nötig, um etwa den Erfolg von bspw. Reorganisationsmaßnahmen bewerten zu können. Einen Beitrag hierzu könnte die Effizienzmessung liefern.

Unter Effizienz soll im folgenden die Leistungsfähigkeit und -wirksamkeit und unter Effektivität der Zielerreichungsgrad verstanden werden[26]. "Die Effizienz einer Organisationsstruktur wird (...) durch den Realisierungsgrad der jeweils verfolgten

---

[23] Vgl. Hammer, M.; Campy J.: ebenda, S. 100

[24] Schuh, G. : S. 65

[25] Mayer, G.: (1975), S. 342

[26] Vgl. Welge, M., u.a.: (1980), S. 576

Zielsetzung(en) abgebildet"[27]. Hierzu sind die Ziele zu identifizieren sowie deren Subziele abzuleiten[28]. Nach der Ziel- und Subzielermittlung können diesen bestimmte Indikatoren zugewiesen werden. Ein Beitrag hierzu leistet das Kennzahlensystem von Matzenbacher[29]. Er schlägt den Aufbau eines Organisationskennzahlensystems vor, das zur Überwachung und Steuerung von Organisationen dienen soll. Mit dessen Hilfe sollen z.B. frühzeitig Reorganisationszeitpunkte feststellbar und der Ist-Zustand der Organisation mit dem Soll-Zustand vergleichbar gemacht werden können[30]. Als Bewertungskriterien werden die Quantifizierbarkeit und die Praktikabilität der Kennzahlen genannt, denen jedoch Störgrößen entgegenstehen (u. a. Quantifizierungsproblem, subjektive Einschätzung der Kennzahlen, Frage nach der Quantifizierungsmethode, Kausalitätsprämisse)[31]. Das Kennzahlensystem kann jedoch nicht den gesamten Bereich der organisatorischen Arbeit abbilden, sondern es wird als "(...) eine Systematisierung von Auslöser-Informationen, eine Argumentationshilfe für die Feststellung von Reorganisationszeitpunkten sowie Anregung für unternehmensindividuelle Lösungen beim praktischen Organisieren"[32] resümiert.

Eine Beurteilung der Effizienz kann jedoch nur getroffen werden, "wenn eine Aussage über den Zusammenhang zwischen einer bestimmten Organisationsstruktur und dem Grad der Zielerreichung empirisch abgesichert werden kann"[33], die jedoch in er betreffenden Literatur meist nicht eindeutig in Bezug gesetzt wird zur Erfolgsmessung[34]. Doch nicht alle Ziele der Unternehmungen sind so formuliert,"(...) daß sie eindeutige Handlungsrichtlinien abgeben. Beispiel für nicht operational definierte Ziele sind etwa: Die Unternehmung wird das Ihre dazu beitragen, die Umweltbelastung zu reduzieren oder: (...) Unser höchstes Gebot ist die Zufriedenheit unserer Kunden"[35]. Außer dem Problem der Effizienzmessung von Organisationsstrukturen sind Organisationen verschiedenen Strukturvariablen und Kontextfaktoren ausgesetzt, welche die Organisationsgestaltung gravierend beeinflussen können. Hierbei tritt auch das Problem der Operationalisierung auf. Aus der Menge der verschiedenen Einflußfaktoren, die die Organisationsgestaltung

---

[27] Freese, E.: (1980), S. 321

[28] Vgl. Freese, E.: ebenda, S. 321

[29] Matzenbacher, H.-J.: (1979), S. 275 ff

[30] Matzenbacher, H.-J.: ebenda, S. 275

[31] Vgl. Matzenbacher, H.-J.: ebenda, S. 279

[32] Matzenbacher, H.-J.: ebenda, S. 276

[33] Vgl.: Freese, E.: (1980), S. 327

[34] Rainer, K.; u.a.: (1979), S. 9

[35] Kieser, A., Kubicek, H.: (1992), S. 7

determinieren, ist ersichtlich, daß es nicht möglich ist, ein Meßkonzept für die Verschiedenartigkeit der Organisationsgestaltung zu entwickeln. Vielmehr werden von verschiedenen Organisationsschulen je nach Untersuchungsgegenstand unterschiedliche Methoden angewendet. In ihrem umfassenden Werk zum Thema Organisationmessung stellen Kubicek und Welter[36] die Meßkonzepte, die von verschiedenen Organisationsschulen entwickelt wurden, vor. Zusammenfassend läßt sich sagen, "daß kein empirisch gesicherter organisationstheoretischer Aussagebestand vorliegt"[37], der die Existenz bestimmter Organisationsstrukturen erklären kann.

1.3.2. Erklärungsansätze

Daß in Unternehmen bestimmte Organisationsstrukturen vorliegen, resultiert aus den unterschiedlichsten Gründen. Da den Unternehmen keine gesicherten empirischen Ergebnisse vorliegen, wie eine Organisation am 'optimalsten' gestaltet werden kann, versucht man mit verschiedenen Ansätzen zu ergründen, warum Unternehmen bestimmten Organisationsformen folgen. Die organisationstheoretischen Ansätze gehen dabei "von einem mehr oder weniger ausgearbeiteten Vorverständnis von Organisationen aus. Sie beinhalten Annahmen darüber, was Organisation 'ist', welche Aspekte daran problematisch erscheinen und welche Fragen durch wissenschaftliche Untersuchungen geklärt werden(...)"[38]können.
Kieser führt in seinen Ausführungen folgende Ansätze an[39]:

1. den Bürokratieansatz von Max Weber,
2. die Ansätze der verhaltenswissenschaftlichen Entscheidungstheorie,
3. den Ansatz der Managementlehre und betriebswirtschaftlichen Organisationslehre und
4. den Human Relation-Ansatz und neuere motivationstheoretische Ansätze.

Da sich die Organisationstheorie als interdisziplinär betrachtet, ließe sich die Liste der Ansätze weiter fortsetzen. Kieser stellt nach seiner Einteilung der Ansätze fest, daß diese nur beschränkt geeignet sind, reale Organisationsstrukturen zu erklären[40]. Bedauerlicherweise liefern die meisten Ansätze nur eine einge-

---

[36] **Kubicek, H., Welter, G.: (1985)**

[37] **Freese, E.: (1980), S. 327**

[38] **Kieser, A.; Kubicek, H.:(1992), S. 33**

[39] **Vgl. Kieser, A.; Kubicek, H.: ebenda, S. 34 ff**

[40] **Vgl. Kieser, A.; Kubicek, H.: ebenda, S. 44-45**

schränkte Sichtweise der Organisation. Je nach Intention ihrer Forschungs-schwerpunkte liefern die Ansätze Erklärungen für das Vorliegen bestimmter Orga-nisationsstrukturen.

Der Bürokratieansatz von Weber bemüht sich bspw. um die Beantwortung der Frage, welche Verwaltungsform die wirksamste Herrschaftsausübung und damit die höchste Zweckmäßigkeit gewährleistet[41]. Der verhaltenswissenschaftliche An-satz beleuchtet wichtige Aspekte des Verhaltens von Organisationsmitgliedern. Jedoch werden auch hier maßgebliche Faktoren nur eingeschränkt untersucht. Da es die verschiedensten Erklärungsansätze gibt, kann es auch keine eindeutig um-rissene und einheitliche Organisationstheorie geben[42].

1.3.2.1. Situativer Ansatz

Ein wichtiger Erklärungsansatz ist der situative Ansatz, dessen Intention darin be-steht, "Unterschiede zwischen den formalen Strukturen verschiedener Organisa-tionen durch Unterschiede in ihrer Situation zu erklären und aus diesen Erklärun-gen Orientierungshilfen für die praktische Organisationsgestaltung zu gewin-nen"[43]. Kieser bezeichnet die Situation als "(...) offenes Konzept (...)"[44]. Dies kennzeichnet auch die Definition der Organisation als eines offenen sozioökono-mischen Gebildes. Die Grundkonzeption des Ansatzes läßt sich folgendermaßen darstellen.

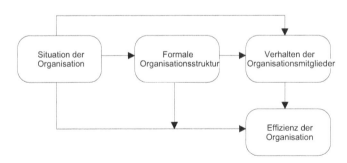

Abb.1: Grundkonzeption des situativen Ansatzes nach Kieser/Kubicek[45]

---

[41] Vgl. Mayntz, R.: (1968), S.29

[42] Grochla, E.: (1980), S. 1795

[43] Vgl. Kieser, A.; Kubicek, H.: (1992), S. 199

[44] Vgl. Kieser, A.; Kubicek, H.: ebenda, S. 205

[45] Vgl. Kieser, A.; Kubicek, H.: ebenda, S.57

Es lassen sich zwei Varianten - eine analytische und eine pragmatische - unterscheiden[46], denen gemeinsam ist, daß die Situations- oder Kontextvariablen als unabhängige oder bedingende Größen aufgefaßt werden:

- In der analytischen Variante des situativen Ansatzes wird die Wirkung der Situation auf die Organisationsstruktur betrachtet. Die Situation wird inhaltlich nicht näher gefüllt, und deren Wirkung auf die Struktur bleibt offen. Die Wirkungsmechanismen werden als "Black Box" betrachtet.
- In der pragmatischen Variante werden die Auswirkungen der Situation auf die Organisationsstruktur, das Mitarbeiterverhalten und die betriebliche Zielerreichung näher untersucht. In diesem Zusammenhang erfolgt auch eine Rückkopplung, die das Verhalten der Organisationsmitglieder und die Zielerreichung bei veränderter Organisationsstruktur untersucht. Das Problem jedes Organisationsmodellierers besteht darin, den besten "fit" zwischen Situation und Organisationstruktur zu finden, was auch Auswirkungen auf das Verhalten der Organisationsmitglieder mit sich bringt.

Interne und externe Einflußfaktoren bilden das Konstrukt der Situation. Daraus haben sich zwei Ansätze abgeleitet.

Die monovariablen Ansätze untersuchen die Wirkungen eines einzelnen Einflußfaktors auf die Organisationsstruktur. Bei den multivariaten Ansätzen werden mehrere Einflußgrößen betrachtet.

Folgende Einflußfaktoren werden angeführt[47]:

Interne Einflußfaktoren:

Leistungsprogramm, Größe und Wachstum , Professionalisierung des Leistungsprogramms, u.a.

Externe Einflußgrößen:

Umwelt (Konkurrenzverhältnisse, Kundenstruktur, Technologie), politische und gesellschaftliche Verhältnisse, u.a.

1.3.2.2. Einflußfaktoren Umwelt und Technologie

Zunehmender Wettbewerbsdruck (Globalisierung), gestiegene Kundenanforderungen, Fortschritt der Informationstechnologie und andere Einflußfaktoren prä-

---

[46] Vgl. Kieser, A.; Kubicek, H.: ebenda, S. 55-64

[47] Vgl. Wollink, M.: (1980), S. 594 und Kieser, A.; Kubicek, H.:(1992), S. 209

gen die heutige Unternehmenssituation. Bei nicht rechtzeitiger situationsgerechter Anpassung an die Umwelt werden Unternehmen vom Markt verdrängt.

Die Umwelt läßt sich durch folgende Dimensionen kennzeichnen[48]: Umweltkomplexität, -dynamik und -abhängigkeit.

Die Dimensionen werden in der Literatur mit unterschiedlichen Inhalten gefüllt. Child etwa versteht unter Dynamik[49]:

- die Häufigkeit der Veränderungen in den Umweltaktivitäten,
- die Stärke der Veränderungen und
- die Unterschiedlichkeit des Auftretens der Veränderungen.

Die Beurteilung der Umwelt basiert in den meisten Fällen auf der subjektiven Betrachtungsweise der Organisationsmitglieder. Deshalb ist es nicht möglich, eine einheitliche Begriffswelt für die Umweltdynamik zu definieren. "Ausschlaggebend für organisatorische Maßnahmen sind nicht die objektiven, sondern die subjektiven Einschätzungen über die Umweltbedingungen"[50]. Die Anpassung der Organisationsstrukturen verläuft entsprechend der subjektiven Annahme über die Umwelt.

Ein wichtiger Umweltfaktor, mit dem sich Organisationen konfrontiert sehen, ist die moderne Informations- und Kommunikationstechnik. Dabei wird die Technologie nicht nur als Möglichkeit der Unterstützung bestehender Prozesse, sondern auch als Gestaltungselement (etwa bei der räumlichen Dezentralisierung von Prozeßelementen durch verteilte Systeme oder bei der Asynchronisation von Prozeßelementen durch die Speicherungsfähigkeit der Systeme, u. a.) hervorgehoben[51]. Somit können die neuen Technologien einen entscheidenden Einfluß auf die Gestaltung bzw. auf die Erklärung von Organisationsstrukturen ausüben.

Diese technischen Möglichkeiten sollten anhand bestimmter Organisationsstrukturen in ökonomische Vorteile umgesetzt werden. Kieser hebt jedoch hervor, daß sich über die Auswirkungen der IT auf die Organisationsstruktur nur Spekulationen anstellen lassen[52], da es keine ausreichenden empirischen Felduntersuchungen auf diesem Gebiet gibt und bisher auch noch keine zuverlässigen Aussagen über die ökonomische Vorteilhaftigkeit der neu gebildeten Organisationsstrukturen möglich sind. Welche entscheidenden Veränderungen die IT letztendlich auf die

---

[48] Vgl. Kieser, A., Kubicek, H.: (1992), S.369 und Schryögg, G.: (1994), S. 66

[49] Vgl. Child, J.: (1972), S. 3

[50] Kieser, A.; Kubicek, H.:(1992), S. 374

[51] Vgl. Picot, A.; Franck E.: (1995), S. 10

[52] Vgl. Kieser, A.; Kubicek, H.: (1992), S. 358f

Organisationstruktur hervorruft, hängt von der Gestaltungsphilosophie des Modellierers ab[53].

Allgemein lassen sich bei Einführung von IT Leitbilder der Dezentralisierung wiederfinden, welche die Autonomie am Arbeitsplatz erhöhen sollen[54]. Das im Bürokratie-Ansatz priorisierte Hierarchiedenken wird durch den Prozeßgedanken und flacher Hierarchien (lean management) abgelöst.

1.3.2.3. Bewertung des situativen Ansatzes

Wie die meisten Ansätzen, so liefern auch die kontingenztheoretischen Ansätze im weitesten Sinne keine Argumente für die Selektion der Situationsmerkmale. Deshalb muß an diesem Mangel theoretischer Fundierung und Problemerörterung bei der Operationalisierung Kritik geäußert werden[55]. Weiterhin ist die mangelnde empirische Validierung zu kritisieren. Bei Korrelationen zwischen 0,3-0,5 (das heißt, mit den situativen Faktoren werden nur 10-25 Prozent der festgestellten Varianz der Strukturvariablen in der Stichprobe erklärt [56]), lassen sich aus den vorliegenden Ergebnissen keine Erklärungen herleiten. Weiterhin sind die Vernachlässigung der gesellschaftlichen und historischen Bedingungen[57], wo z.B. "Zusammenhänge zwischen situativen Faktoren und Struktur - etwa zwischen Technologie und Spezialisierung - als kulturinvariante, systemindifferente Sachzwänge (...)"[58] gelten kritisch zu betrachten.

1.4. Meßinstrumente

Zur Gewinnung von Daten für die Beschreibung oder Analyse der jeweils vorhandenen Organisationsstrukturen gibt es verschiedene Erhebungsmethoden. Da die Spannweite der empirischen Erhebungsmethoden sehr groß ist, soll diese am Beispiel der Befragung, der Beobachtung und der Sekundäranalyse eingegrenzt werden. Zu den einzelnen Punkten[59]:

---

[53] Vgl. Kieser, A.; Kubicek, H.: ebenda, S. 360 f

[54] Vgl. Kieser, A.; Kubicek, H.: ebenda, S. 361

[55] Vgl. Kieser, A.; Kubicek, H.: ebenda, S. 63-64

[56] Vgl. Kubicek, H.; Kieser, A.: (1980,) S. 1542

[57] Vgl. Kubicek, H.; Kieser, A.: ebenda, S. 1542-1543

[58] Kubicek, H.; Kieser, A.: ebenda, S. 1542-1543,

[59] Vgl. Büschges, G.; u.a.: (1977), S.119 ff

Befragungen sind die am häufigsten eingesetzten Erhebungsinstrumente. Ihr Vorzug ist es, daß sie bei kognitiven Sachverhalten relativ leicht zu realisieren sind. Nachteilig ist, daß es sich dabei um ein reaktives Erhebungsinstrument handelt. Es werden standardisierte, halbstandardisierte und unstrukturierte Befragungen unterschieden. Der Unterschied zwischen der Beobachtung und der Befragung ist, daß bei der Beobachtung nicht der Bericht der Personen, sondern ihr Verhalten selbst protokolliert wird. Bei Beobachtungen existieren Standardunterschiede wie die teilnehmende, die nichtteilnehmende, die offene und die verdeckte Beobachtung. Bei der Sekundäranalyse wird vorhandenes Datenmaterial, wie Statistiken, Zahlen oder Berichte verwendet, um qualitative und quantitative Aspekte der zu analysierenden Sachverhalte zu ermitteln.

Bei allen drei Erhebungsmethoden ist es wichtig, daß folgende drei Kriterien erfüllt werden[60] :

1. Objektivität: Die Ergebnisse müssen unabhängig vom Meßinstrument sein.

2. Reliabilität: Wird auch als Meßgenauigkeit definiert, welche das Ausmaß der Streuung bei wiederholten Messungen angibt.

3. Validität oder Gültigkeit: Sie gibt das Entsprechungsverhältnis von faktisch gemessener und eigentlicher Zieldimension an. Formen der Validität sind die inhaltliche, die kriterienbezogene und die Konstruktvalidität.

---

[60] Vgl. Hujer, R.; Cremer, R.: (1977), S.13-17

2. Informationstechnologien in Organisationen

Durch den Einsatz neuer Technologien (CIM, CAD) haben sich starke Veränderungen im Fertigungsbereich ergeben. Ziel war es, in der Produktion Kosten zu senken, die Durchlaufzeiten zu kürzen und qualitativ hochwertige Produkte herzustellen. Der Verwaltungsbereich hinkt dieser Entwicklung hinterher, weil der Verwaltungs- Bürobereich "(...) wesentlich unstrukturierter in seinen Arbeitsabläufen ist als der Produktionsbereich"[61]. Die Kostenexplosion im Verwaltungsbereich resultiert nach Ansicht Staudts zu einem erheblichen Teil aus der Verlagerung von Teilfunktionen, wie der Regelung und Steuerung der Produktion in den Büro- und Verwaltungsbereich[62]. Dies inspiriert heute im Verwaltungsbereich Veränderungs- und Rationalisierungspotentiale zu suchen und umzusetzen. Die Zielsetzungen von Reorganisationsmaßnahmen im Verwaltungsbereich lassen sich folgendermaßen zusammenfassen [63]:

Erhöhung der Qualität der Büroprodukte, Verringerung der Durchlaufzeiten, Erhöhung der Transparenz der Büroprozesse und ihres Zusammenwirkens, Kostensenkung und Steigerung der Arbeitszufriedenheit.

2.1. Work Flow Management

Um den gestiegenen Anforderungen im Verwaltungsbereich gerecht zu werden, werden zunehmend neue IT eingesetzt, die auch die Arbeitsweise im Verwaltungsbereich verändern. Unter dem Begriff der IT sollen nicht isoliert die technischen Aspekte erfaßt, sondern es soll folgende Definition zugrunde gelegt werden: "Informationstechnologie ist die Gesamtheit verfügbarer Verfahren und Werkzeuge zur Bereitstellung und Verarbeitung von Informationen"[64]. Es kann damit auch von Informations- und Kommunikationssystemen (IKS) gesprochen werden.

---

[61] Krallmann, H.: Systemanalyse:(1994) S.238-239 in Anlehnung an Hoyer, R.: (1988), S. 86 ff

[62] Vgl. Staudt, E.: (1981), S. 14

[63] Vgl. Hoyer, R.: (1988), S 86 ff

[64] Hoppen, D.: (1992), S. 13

Standen in der Vergangenheit überwiegend einzelnen PC-Arbeitsplätze zur Verfügung, die getrennt voneinander den Betriebsablauf gewährleisten sollten, werden heute vernetzte Lösungen angeboten, die insbesondere die Kommunikation zwischen den einzelnen Arbeitsplätzen verbessern.

Sogenannte Workflow Management Systeme sollen Unterstützung in der Erfüllung der verschiedenen Aufgaben im Verwaltungsbereich leisten. "Workflow Management Systeme (WMS) zielen auf die durchgängige Unterstützung von Geschäftsprozessen ab. Sie basieren meistens auf sog. Dokumenten-Management-Systemen (DMS). Diese Architektur bietet sich an für den Einsatz in dokumentenintensiven Prozessen wie z.b. die industrielle Anfrage/Angebotsabwicklung"[65]. Die WMS leiten elektronische Dokumentenmappen zwischen den Aktivitäten bzw. den betrieblichen Abteilungen weiter, womit eine Verbesserung ganzer betrieblicher Kernabläufe und Geschäftsprozesse gewährleistet wird[66]. Geschäftsprozesse lassen sich definieren als "ein Bündel von Aktivitäten, für das ein oder mehrere unterschiedliche Inputs benötigt werden und das für den Kunden ein Ergebnis von Wert erzeugt"[67]. Die Leistung in der Büroarbeit "besteht in einem abgeschlossenen Vorgang, z.B. in der Fertigstellung eines Organisationsplanes, der Abwicklung eines Auftrages (...)"[68]. Das Resultat des Vorgangs kann als Büroprodukt bezeichnet werden, welches mit Hilfe von WMS 'produziert' wurde.

Aufgabe der neuen Vorgangssteuerungssysteme ist es, "die Aufgaben am Arbeitsplatz zu unterstützen und neue Arbeitsprozesse, die mehrere Arbeitsplätze einbeziehen, zu unterstützen, zu steuern und zu koordinieren"[69]. Die WMS haben folgende Unterstützungsfunktionen auf den Unternehmensebenen zu erfüllen:

- interne und externe Kunden mit qualitativ hochwertigen Büroleistungen zu versorgen,

- Bürokosten zu minimieren und

- minimalen Zeitbedarf bei der Ausführung der Büroleistungen in Anspruch zu nehmen.

In der Literatur wird herausgestellt, daß sich die neuen WMS von den traditionellen Bürokommunikationssystemen unterscheiden, weil die WMS einen Aspekt der

---

[65] Raufer, S.; u.a.: (1995), S. 467

[66] Vgl. Raufer, S.; u.a.: ebenda, S. 467

[67] Hammer, M.; Campy ,J.: (1994), S. 52

[68] Zangl, H.; u.a.: (1982), S. 397

[69] Niemeier, J.: (1992), S. 209

organisatorischen Gestaltung beinhalten[70]. Auf diesen Unterschied soll an dieser Stelle nicht näher eingegangen werden.

2.2. Aufgaben im Büro

Das organisatorische Handeln ist an ein Handlungsziel geknüpft. Der Ausgangspunkt ist dabei die Gesamtaufgabe, die sich in Teilaufgaben der unterschiedlichsten Kategorien untergliedern läßt. Die Aufgaben im Produktionsbereich unterscheiden sich dabei grundlegend von denen in der Verwaltung. Im Verwaltungsbereich werden im wesentlichen Informationen zwischen den Angestellten und den verschiedenen Ebenen der Organisation und der Umwelt ausgetauscht. Aus den Büroaufgaben werden Büroprodukte geschaffen, die sich möglichst aus den Erfordernissen des Marktes in Form von Prozeßketten ableiten lassen sollen[71]. In Anlehnung an Küster weist Rau darauf hin, daß die Büroprodukte grundsätzlich keiner direkten Marktnachfrage unterliegen[72]. was eine Bewertung der Büroleistungen erschwert und somit die Bewertung der Wirtschaftlichkeit von IT.

Reichwald schlägt eine Analyse von Aufgabenstellungen im Büro vor, die helfen soll, die Wirtschaftlichkeit von IT zu bestimmen[73]. Für die aufgabengerechte Unterstützung von Prozessen der Informationsverarbeitung hatten Picot und Reichwald folgende Kriterien herausgestellt [74]:

Die Komplexität/Planbarkeit, der Informationsbedarf, die Kooperationspartner und der Lösungsweg der Aufgabe werden herausgestellt. Aus diesen Merkmalen werden drei verschieden Aufgabentypen herabgeleitet.

---

[70] Vgl. Krickl, O.:(1994), S.18.

[71] Vgl. Rau, K.-H.: (1991), S. 20

[72] Vgl. Rau, K.-H.: ebenda, S.20 in Anlehnung an Küster, H.: (1990), S. 146

[73] Vgl. Reichwald, R.:(1984), S. 102.

[74] Vgl. Picot, A., Reichwald, R.: (1987), S. 63

Merkmale der Aufgabenerfüllung Aufgabentyp	Problemstellung (Komplexität Planbarkeit)	Informationsbedarf	Kooperationspartner	Lösungsweg
Büroarbeit vom Typ 1 Einzelfall (nicht formaliserbar)	hohe Komplexität niedrige Planbarkeit	unbestimmt	wechselnd nicht festgelegt	offen
Büroarbeit vom Typ 2 sachbezogener Fall (teilweise formalisierbar)	mittlere Komplexität mittlere Planbarkeit	problemabhängig (un-) bestimmt	wechselnd festgelegt	geregelt bis offen
Büroarbeit vom Typ 3 Routinefall (vollständig formalisierbar)	niedrige Komplexität hohe Planbarkeit	bestimmt	gleichbleibend, festgelegt	festgelegt

Abb. 2: Drei Aufgabentypen von Büroarbeit[75]

Die verschiedenen Aufgabentypen lassen sich auf unterschiedlichen Stellentypen des Unternehmens ansiedeln. So läßt sich der Aufgabentyp 1 in Führungspositionen wiederfinden und der Aufgabentyp 3 in Ausführungsstellen. Für den Einsatz von IT läßt sich daraus schließen, daß die verschiedenen Aufgabentypen unterschiedliche Anforderungen bei der Implementierung von IT haben. Für die Aufgabenerfüllung des Typs eins kommt es darauf an, "in spontane und direkte Kommunikationsbeziehungen treten zu können, sich schnell und unbürokratisch auch mit einer größeren Anzahl von Kooperationspartnern abzustimmen und sich fallbezogen auf dem direkten Weg Informationen beschaffen zu können"[76]. Der Aufgabentyp 3 tendiert eher zu programmierten Abläufen und weist einen technisch-deterministischen Charakter auf[77]. Für die anderen Aufgabentypen ergeben sich entsprechend andere Anforderungen an die Implementierungsmaßnahmen der IT.

---

[75] Vgl. Grafik Picot, A.; Reichwald, R.: ebenda, S. 70

[76] Reichwald, R.: (1990), S. 72-73

[77] Vgl. Reichwald, R.: ebenda , S. 74-75.

Wie gezeigt wurde, sind vor der Untersuchung der Wirtschaftlichkeit von IT, das Bündel von Aufgabenstellungen - in neueren Ansätzen wird auch von Geschäftsprozessen gesprochen - im Unternehmen zu untersuchen und die Möglichkeiten zu analysieren wie WMS diese unterstützen können.

3. Quantitative und nichtquantitative Wirkungen von IT

Informations- und Kommunikationstechnologien erfordern hohe Investitionsko-
sten. Ohne ausführliche Wirtschaftlichkeitsanalysen lassen sich vom Management
keine Entscheidungen treffen. Bevor Investitionsentscheidungen getroffen werden, muß das Kosten/Nutzen Verhältnis der IT untersucht werden. Es ist dabei zu
beachten, daß nicht isoliert nur die Kosten oder nur die Leistungen betrachtet
werden. "Nur eine vollständige Berücksichtigung beider Komponenten des Wirtschaftlichkeitsbegriffs, der Kosten- und der Leistungsseite, ermöglicht eine ange-
messene Wirtschaftlichkeitsbeurteilung einer Maßnahme wie Einsatz neuer Technik"[78]. Wirtschaftlichkeit kann als das Verhältnis zwischen wertmäßigem Input
(Aufwand) und wertmäßigem Output (Ertrag) definiert werden. Später werden wir
jedoch sehen, daß dieser Wirtschaftlichkeitsbegriff für die Beurteilung der IT nicht
ausreicht.

Das Ziel bei einer Neuinvestition besteht in den meisten Fällen darin Rationalisie-
rungs- und Kostensenkungspotentiale zu erzielen. Bei der Bewertung der IT stehen jedoch nicht nur kurzfristige Kostensenkungspotentiale im Vordergrund. Vielmehr sind auch Qualitäts-, Flexibilitäts-, und zeitliche Verbesserungsmöglichkeiten
bei der Erstellung von Verwaltungs- und Büroleistungen zu beachten, die sich als
strategische Nutzenaspekte charakterisieren lassen.

Daß der traditionelle Wirtschaftlichkeitsbegriff bei der Beurteilung von IT in nur
geringem Maße Anwendung finden kann, ergibt sich aus den funktionsübergrei-
fenden Eigenschaften der Technologien sowie aus deren vielfältigen Wirkungen.
Nicht nur einzelne Arbeitsplätze verbessern ihre Leistungen, sondern es werden
auch abteilungsübergreifende und unternehmensübergreifende Verbesserungen
erzielt. Unternehmensübergreifende Wirkungen können z. B. durch die Einbeziehung der Kunden und Lieferanten in den Unternehmensprozess erzielt werden.
Hierbei ergeben sich Wettbewerbsvorteile z. B. durch die schnellere Auftrags-
abarbeitung.

"Die wesentliche Besonderheit der Wirtschaftlichkeit neuer Technologien und somit auch von IKS besteht in der Notwendigkeit, gerade deren qualitative Aspekte
zu berücksichtigen, besondere Relevanz weisen hierbei die strategischen Wirkungen auf."[79] . Diese qualitativen Aspekte wirken sich auf den verschiedenen Ebenen im Unternehmen und außerhalb des Unternehmens aus .

---

[78] **Picot, A.; Reichwald, R.: (1987), S. 96**

[79] Antweiler, J.: (1995), S. 59

3.1. Kosten

Kosten werden in der Betriebswirtschaftslehre nach drei Merkmalen kennzeichnet: "(...) mengenbezogener Güterverbrauch, Leistungsbezogenheit des Güterverbrauchs, Bewertung des leistungsbezogenen Güterverbrauchs (...)"[80].

Die Erstellung von Büroprodukten schafft einen bestimmten Wert. Diesem Wert müssen verursachergerechte Kosten gegenübergestellt werden. Die Meßbarkeit und Zuordnung dieser Kosten auf die einzelnen Kostenträger erweist sich als schwierig, da diese keine variablen Kosten im Sinne der Fertigung darstellen[81]. Die Kosten der IT können in einmalige und laufende Kosten unterteilt werden[82]:

Einmalige Kosten

für Personal, Entwicklung (Analyse, Konzeption, Programmierung, Test und Integration), Einführung (Schulung, organisatorische Umstellung) und Sachkosten (Fremdsoftware, kaufkumulierte Nutzungskosten, Anpassung, Hardware u.a.)

Laufende Kosten

für Personal, Bedienung und Wartung (Programmpflege, Stammdaten, Hardware, Hilfsgeräte, externe Dienstleistung) und Betriebskosten (Hardware, Netze und Energie). Die laufenden Kosten, werden in der Kostenrechnung dem Gemeinkostenblock zugeordnet.

3.2. Nutzen

Die Nutzenwirkungen beim Einsatz moderner IT können vielfältig sein. Es ist für das einzelne Unternehmen schwierig, den Nutzen einer Investition sofort zu identifizieren und zu bewerten. In dieser Arbeit werden die Wirkungen der IT nach ihrer operativen und strategischen Reichweite eingeteilt. Im strategischen Nutzenteil werden Qualität, Zeit- und Flexibilitätsaspekte der IT angesprochen.

3.2.1. Operativer Nutzen

Im kurzfristigen operativen Bereich können Kostensenkungspotentiale durch Straffung der inner- und außerbetrieblichen Prozesse geschaffen werden. Vorher manuell durchgeführte Prozesse können durch die IT ersetzt werden. Mit Hilfe von WMS können die Kosten der Informationsbeschaffung und -verarbeitung gesenkt werden. Es fallen z. B. Papierbelege weg, die Vorgangsbearbeitung findet nur

---

[80] Bellmann, K. B.: (1989), S. 112f in Anlehnung an Heinen, E.: (1983), S.60 ff

[81] Vgl. ausführlich: Bellman, K. B.: (1983), S. 130 ff

[82] Vgl. Schweizerische Vereinigung für Datenverarbeitung: (1993), S. 28 und Karg, H.: (1993),S. 74

noch am Bildschirm statt etc. Die so eingesparten Sach- (Belege, Verfilmung der Rechnungen etc.) und Personalkosten (Wegfall des manuellen Papierhandlings etc.) führen zu monetär bewertbaren Kostensenkungen. So konnte anhand von Evaluierungsstudien gezeigt werden, daß für bestimmte Aufgabentypen sich die Bearbeitungszeit um durchschnittlich 82 % reduzieren läßt[83]. Die Messung der operativen direkten Nutzenvorteile ist durch die Quantifizierbarkeit des Nutzens einfach.

3.2.2. Strategischer Nutzen

Auf der strategischen Nutzenseite werden insbesondere langfrisitge Nutzenwirkungen erfaßt. Dazu gehören Qualitäts-, Zeit- und Flexibilitätsverbesserungen, die mit Hilfe von IT erzielt werden.

3.2.2.1. Qualitative Aspekte

Durch die Verfügbarkeit aktueller Informationen am Arbeitsplatz verbessert sich die Auskunftsbereitschaft. Kunden und Lieferantenanfragen können direkt am Telefon beantwortet werden. Weiterhin lassen sich durch die Archivierungsmöglichkeit der Dokumente Risiken des Dokumentenverlustes vermeiden. "So bietet die Computerunterstützung Möglichkeiten zur verbesserten Informationserschließung, -aufbewahrung und -dokumentation. (...) Im Zusammenspiel mit Netzwerken und entsprechenden Endgeräten läßt sich zudem die Informationsübermittlung qualitativ verbessern"[84]. Die Leistungsqualität von Büroleistungen drückt sich in Form der "Aktualität, Vollständigkeit, Fehlerfreiheit und Verständlichkeit"[85] aus. Dies kann zu einer höheren Arbeitsplatzattraktivität führen, so daß eine höhere Arbeitszufriedenheit der Mitarbeiter erreicht werden kann.

3.2.2.2. Zeitaspekte

Hohe Unzufriedenheit durch fehlende Kundenorientierung bei der Durchführung von Verwaltungsleistungen sind Kennzeichen in den Unternehmen. Durch verzögerte Informationsbeschaffung, -bereitstellung und -verarbeitung am Arbeitsplatz können Auftragstermine nicht eingehalten werden, Angebotsofferten werden verzögert erstellt etc. Die Folgen dieser hohen Durchlaufzeiten können eine entschiedene Einflußgröße auf das Betriebsergebnis sein. "Betrachtet man den zeitli-

---

[83] Vgl. Gappmeier, M.; Kepler, J.: (1994), S. 105 ff

[84] Antweiler, J.: (1995), S. 84

[85] Eipperle G.: (1992), S.61

chen Anteil der Wertschöpfungsprozesse am gesamten Auftragsdurchlauf, so wird deutlich, daß dieser in vielen Unternehmen bei nur ca. 10% der Gesamtdurchlaufzeit liegt"[86] Die anderen Komponenten der Durchlaufzeit setzen sich aus, Bearbeitungszeit, Transformationszeit, Abstimmungs- und Kontrollzeit, Transportzeit, Rüst- und Liegezeit[87] zusammen:

Durch den Einsatz von WMS wird eine Reduzierung der Durchlaufzeit, bei der Erledigung bestimmter Aufgabentypen[88], erreicht. Mit WMS lassen sich etwa Dokumente an den entsprechenden Arbeitsplatz transportieren, per Email können verschiedene Arbeitsplätze schneller miteinander kommunizieren, und mit anderen zeitsparenden Komponenten der WMS läßt sich die Durchlaufzeit weiter reduzieren.

3.2.2.3. Flexibilitätsaspekte

Flexibilität steht für die "Vielseitigkeit, mit der die Komponenten von IKS (...) (zur) Unterstützung für zeitlich wechselnde Aufgaben"[89] eingesetzt werden können. Die Ausprägungen der Flexibilität können: Kompatibilität, Portabilität, Adaptibilität und Integrabilität der IT sein[90]. Es ist damit der Aspekt der zeitlichen Anpassungsfähigkeit der IT auf wechselnde Umweltbedingungen angesprochen. Durch z. B. verändertes Kundenverhalten auf bestimmte Büroprodukte (z. B. individuelle Rechnungserstellung für bestimmte Kunden), müssen IT in der Lage sein, sich diesen Wandel schnell anpassen zu können. Weiterhin müssen die IT offen in ihren Hardware- und Betriebsystemen sein, um sich in neu entwickelte Komponenten (z. B. Telebanking, BTX, Multimedia) oder neuen Anwenderprodukte integrieren zu lassen. Weiterhin zeichnet die Flexibilität die Reaktion auf bestimmte Fehler bei der Vorgangsbearbeitung aus[91]. Die Flexibilität von IT ist als entscheidender Wettbewerbsfaktor zu interpretieren, der Wettbewerbsvorteile verschaffen kann.

3.2.2.4 Soziale Aspekte

Durch den immer größer werdenden Einfluß von IT in Unternehmen entstehen bei den Mitarbeitern unterschiedliche Wirkungen. "Hervorzuheben ist dabei die Auto-

---

[86] **Eversheim, W.: (1995), S. 29**

[87] **Vgl. Zangl, H.: (1985), S. 79**

[88] **Kirn, S.: (1995), S. 106**

[89] **Kern, W.: (1992), S. 23**

[90] **vgl. Antweiler, J.: (1995), S. 91**

[91] **Kirn S.: (1995), S. 106**

nomie am Arbeitsplatz, somit die Selbstbestimmung der Arbeitsinhalte und -abläufe, die Möglichkeiten der Überwachung und Kontrolle von Arbeitsprozessen durch den Arbeitgeber und die informationelle Selbstbestimmung, also die Entscheidungsfreiheit, welche 'privaten' Informationen wann, wie, wo und auch vor allem wem zur Verfügung gestellt werden könnten"[92]. Durch den Wegfall der face - to - face Kommunikation fühlen sich Mitarbeiter allein, was zur sozialen Isolation am Arbeitsplatz führen kann.

Positive Wirkungen wie die Arbeitsplatzaufwertung[93] (Job enrichment) und mehr Verantwortung bei der Aufgabenabarbeitung lassen sich mit Hilfe von IT erzielen. Durch höhere Anforderungen kann auch eine bessere Entlohnung erzielt werden.

3.3 Ermittlungsprobleme der Wirkungen

Bei der Ermittlung der Kosten, der operativen und der strategischen Nutzenwirkungen ergeben sich vielfältige Probleme. Die laufenden und einmaligen Kosten sind einfach zu quantifizieren und dem Gemeinkostenblock zuzuordnen. Jedoch sind die laufenden langfristigen Kosten, die mit einer Investition verbunden sind, schwer abzuschätzen. Dazu gehören etwa die Reparatur-, Wartungs- und die Erweiterungskosten.

Kurzfristige Nutzenwirkungen wie Kosteneinsparungen am einzelnen Arbeitsplatz lassen sich einfach monetär quantifizieren. Die langfristigen und über den einzelnen Arbeitsplatz hinausgehenden Wirkungen, also die strategischen Wirkungen, sind nicht oder nur sehr schwer zu quantifizieren[94]. Eine exakte Bewertung in monetären Einheiten kann ausgeschlossen werden, da dieses nur Schätzungen sein können.

Um eine Systematisierung der Nutzenwirkungen zu erhalten, sind Nutzenklassifikationen gebildet worden. Eine Zuordnung der Nutzenwirkungen auf die einzelnen Aspekte wird so ermöglicht. Die Nutzenwirkungen werden nach den Kriterien der Meßbarkeit, der Reichweite und nach den Beziehungen zu den einzelnen Dimensionen des Büros unterschieden.

Meßbarkeit der Nutzenwirkung[95]
- direkt monetär quantifizierbare Nutzeneffekte
- indirekt monetär quantifizierbare Nutzeneffekte , wie z.B. ein geringerer Lagerbestand (direkt mengen-, indirekt wertmäßig ermittelbar)

---

[92] Antweiler, J.: (1995). S. 98

[93] Vgl. Meyer, C. B.: (1989), S. 21-23

[94] Reichwald, R.:(1984), S. 101

[95] Vgl. Graber, B.: (1978), S. 149, und Scheer, A.-W.: (1978), S. 311

- monetär nicht quantifizierbare Nutzeneffekte

Reichweite der Nutzenwirkung[96]
- Nutzenwirkungen am einzelnen Arbeitsplatz
- Nutzenwirkungen auf Gruppen oder Arbeitsplatzebene(n)
- Nutzenwirkungen auf Unternehmensebene
- Nutzenwirkungen außerhalb des Unternehmens

Beziehungen der Nutzenwirkungen zu den einzelnen Dimensionen des Büros[97]
Hier kann man zwischen organisatorischen Nutzen, technischen Nutzen und sozialen Nutzen unterscheiden.
Die Klassifizierung der Nutzenkategorien verdeutlicht, daß kein einheitlicher Nutzenbegriff existiert[98], der die unterschiedlichen Wirkungen der IT integrieren kann.

3.4. Probleme des Wirtschaftlichkeitsbegriffs

Die Anwendung des herkömmlichen Wirtschaftlichkeitsbegriff, der eher für den Fertigungsbereich ausgelegt ist, stößt bei Bewertungen von IT auf Schwierigkeiten und verursachte nach Meinung Reichwalds in den 70er Jahren folgenschwere Fehler in der Bürorationalisierung[99]. Im Fertigungsbereich können Produkte direkt variablen Kosten und indirekt fixen Kosten und Marktpreisen zugeordnet werden. Die Anwendung des Wirtschaftlichkeitsbegriff ist hier ohne Probleme anwendbar. Doch bei der Erstellung von Büroprodukten mit Hilfe der neuen Technologien liegen keine adäquaten Verrechnungspreise (Marktpreise) vor[100], die in den herkömmlichen Wirtschaftlichkeitsbegriff Einzug finden könnten.
Szypersky stellt in seinem Beitrag unterschiedliche Formen der Wirtschaftlichkeit (operationale, dispositionale, strategische) vor, um die Perspektive des Wirtschaftlichkeitsbegriffs zu erweitern[101]. Konkrete Ausformulierungen und Methoden, wie etwa die Wirtschaftlichkeit von IT berechnet werden sollen, fehlen jedoch in seinen Ausführungen.
Die schwer quantifizierbaren Nutzenwirkungen sollten deshalb mit Hilfe von Ordinal- und/oder Nominalskalen erfaßt[102] werden. Bei Unsicherheiten der Datener-

---

[96] Vgl. Reichwald, R.:(1990), S. 82-87 und Matare, J.: (1987), S. 94

[97] Vgl. Krallmann, H.; Pietsch, T.: (1990) S.3-24.

[98] Vgl. Schäfer, G.; Wolfram, G.: (1987), S. 40-41,

[99] Vgl. Reichwald, R.: (1990), S. 88

[100] Vgl. Picot, A.:(1981), S. 337

[101] Vgl. Szyperski, N.; Pulst, E.: (1995), S. 24

[102] Vgl. Scherff, J.: (1986), S 6

mittlung können Wirkungen auch nur geschätzt werden, wie Antweiler heraus-stellt[103]. Diese Aspekte werden mit Hilfe von Statistikprognosen[104] oder subjektiv erfaßt, was zu Fehlentscheidungen führen kann.

Weiterhin ist die Problematik der Einzelbewertung oder der Gesamtbewertung der IT-Komponenten festzuhalten. Das Hauptmerkmal der IT besteht nicht in den ein-zelnen Komponenten (z. B. Scanner, Drucker, Plotter etc.), sondern in deren räumlichen und zeitlichen Gesamtzusammenwirken (z. B. über Netzwerke). Die Wirkungen können arbeitsplatz-, abteilungs- oder unternehmensübergreifend sein. Weiterhin können bei der Frage nach der relevanten Integrationsstufe "(...) Interpendenz-, Komplexitäts- und Verbundprobleme die Zurechnung weiter er-schweren"[105]. Es entsteht so das Problem, wie sich die einzelnen Ebenen im Un-ternehmen mit ihren unterschiedlichen Aufgabenerfüllungen voneinander getrennt bewerten lassen. Und wie sich welche zeitlichen Ursache-Wirkungszusammen-hänge ergeben. Das Innovationsproblem durch die kurzen Lebenszyklen[106] der Hardware- und Softwarekomponenten ist als weiteres Problem zu berücksichti-gen.

Um Unterschiede des Ist-Systems mit dem Soll-System aufzuzeigen, sollte eine Bewertung möglichst objektiv erfolgen. Das dies oft jedoch nicht möglich ist[107], kommt es zu Verschleierungen in den Ergebnissen. Durch eine Vielzahl von inter-nen Akzeptanz-, Einstellungs- und Qualifikationsproblemen der Mitarbeiter und externen Problemen (individuelles Kunden-, Wettbewerber- und Lieferantenver-halten), die mit dem Einsatz von IT verbunden sind, läßt sich eine subjektive Be-wertung ausschließen.

Die vorzustellenden Verfahren, versuchen Ansätze zu geben, wie die operativen und strategischen Nutzenwirkungen der IT und die Aktivitäten/Prozesse im Unter-nehmen zu erfassen sind.

---

[103] Antweiler, J. : (1995), S. 105

[104] Vgl. Kern, W.: (1974), S.95

[105] Vgl. Antweiler, J.: (1995), S.106 und Reichwald, R.: (1990), S. 80-82

[106] Vgl. Antweiler, J.: ebenda, S.106

[107] Vgl. Antweiler, J.: ebenda, S. 107

4. Meßansätze und Methoden zur Messung der Wirkungen

Für die Messung der Kosten und operativen/strategischen Nutzenwirkungen der IT und Aktivitäten gibt es keine spezifisch entwickelten Methoden. Es sind zum Teil klassische Verfahren der Betriebswirtschaftslehre, die für die Bewertung komplexer Probleme entwickelt wurden. Die Methoden bewerten dabei das Investitionsobjekt und/oder das Arbeitssystem aus unterschiedlichen Perspektiven und Zielsetzungen.

4.1. Systematisierung der Verfahren

Die Einteilung der Verfahren verfolgt den Zweck, aus der Fülle der Verfahren dem Investitionsentscheider einen Rahmen vorzugeben, aus welcher Perspektive er das IT-System und/oder das Arbeitssystem beurteilen und bewerten will.

In der Literatur hat sich keine konkrete Einteilung der Verfahren finden lassen. Gründe dafür sind, daß bestimmte Verfahren andere Verfahren sich zunutze machen, so daß eine Charakterisierung des neuen Verfahrens schwerfällt[108]. Die unterschiedliche Zielsetzungsverfolgung der Verfahren und der dabei genutzten Methoden erschwert eine genaue Einteilung der Verfahren zur Bewertung der Nutzenwirkungen des Systems.

Nagel stellt verschiedene Autoren vor, die sich mit unterschiedlichen Zielrichtungen der Nutzenwirkungen der IT auseinandersetzen:

Mehrdimensionale Verfahren, Modelle mit der Zielrichtung der Unterstützung der kritischen Erfolgsfaktoren, Modelle mit der Zielrichtung der Berücksichtigung von Geschäftsprozessen des Kunden, Modelle mit der Zielrichtung der Bürokommunikation und Modelle mit der Zielrichtung der Vergleichswerte[109].

Eine systematischere und übersichtlichere Einteilung liefert Antweiler [110]: Er teilt die Verfahren nach der Art, nach dem Hauptzweck, nach dem Umfang und nach der Art und der Anzahl der zu beurteilenden Zielgrößen ein.

Die Verfahren können etwa nach quantifizierbaren, qualitativen Aspekten und nach der Anzahl der zu untersuchenden Zielgrößen unterschieden werden. Zu den quantifizierbaren Verfahren zählen z. B. die Investitionsrechenverfahren.

---

[108] Vgl. Mehrebenenansatz

[109] Die Verfahren stellen nur einen Auswahl von 24 Verfahren dar vgl. Nagel, K.: (1990), S. 41

[110] Vgl. Antweiler, J.: (1995), S. 109-113

Weiterhin können die Verfahren danach differenziert werden, ob sie zu Berechnungs- oder Beschreibungszwecken dienen.

Da es eine Unzahl von Verfahren gibt, beschränke ich mich bei meiner Einteilung auf die, die die operativen, strategischen Wirkungen von IT und des Arbeitssystems in adäquater Weise erfassen. Die Systematisierung orientiert sich dabei an der Quantifizierungsmöglichkeit und am Hauptzweck der Verfahren.

Eine Orientierungshilfe liefern Nagels und Antweilers Einteilungen.

Die Verfahren werden folgendermaßen eingeteilt:
- Investitionsrechenverfahren
- Kostenorientierte Verfahren
- Wertorientierte Verfahren
- Wettbewerbsorientierte Verfahren
- Beschreibungsorientierte Verfahren
- Ebenenorientierte Verfahren und
- Kommunikationsprofilorientierte Verfahren sowie
- Psychologisch-arbeitswissenschaftliche Ansätze

Die Investitionsrechenverfahren werden in statische und dynamische unterteilt, wobei nur ein Zielwert verfolgt wird. Dabei handelt sich um Berechnungsverfahren, die zum größten Teil auf objektive Sachverhalte zurückzuführen sind und sich leicht berechnen lassen. Zu den statischen Verfahren gehören die Kostenvergleichs-, Gewinnvergleichs-, die Rentabilitäts- und Amortisationsrechnung. Die dynamischen Verfahren beinhalten die Kapitalwert-, interne Zinsfuß- und die Annuitätenmethode.

Den kostenorientierten Verfahren, die das Effizienzkriterium untersuchen betrachten eine oder mehrere Zielgrößen. Die Methoden versuchen die im Unternehmen durchzuführenden Aktivitäten/Prozesse quantitativ zu bewerten.

Die wertorientierten Ansätze betrachten mehr als eine Zielgröße. Es werden Berechnungen durchgeführt, die eine Auswahl wirtschaftlicher Alternativen vorschlagen. Hierbei besteht auch die Möglichkeit, qualitative Aspekte der Alternativentscheidungen zu berücksichtigen. Im Vordergrund steht dabei die Wertermittlung der Potentiale des Unternehmens, zu denen auch die IT-Leistungen und Aktivitäten/Prozesse gehören können.

Bei den wettbewerbsorientierten Verfahren handelt es sich ebenfalls um Methoden, die mehr als eine Zielgröße untersuchen. Es werden sowohl quantitative als auch qualitative Aspekte betrachtet. Der Vergleich der eigenen Unternehmenspotentiale mit den Wettbewerbern steht dabei im Vordergrund.

Die Beschreibungsverfahren versuchen, die Ist-Situation des Unternehmens visuell in einer bestimmten Form darzustellen. Berücksichtigung finden dabei sowohl quantitative als auch schwer quantifizierbare Aspekte. Dazu gehören z. B. Qualitätsaspekte, die im Unternehmen bewertet werden müssen (vgl. Prozeßkennzahlensystem, Argumentenbilanz, Wirkungsketten).

Die Ebenenansätze sind speziell für die Bewertung von Bürokommunikationssystemen entwickelt worden, die sich jedoch auf IT übertragen lassen. Sie versuchen, die unterschiedlichen quantitativen und/oder qualitativen Wirkungen der IT auf den unterschiedlichen Ebenen innerhalb und außerhalb des Unternehmens zu erfassen. Für die Berechnung der unterschiedlichen erfaßbaren Nutzenwirkungen bedienen sich diese der Investitionsrechen-, der kostenorientierten und der wertorientierten Verfahren.

Kommunikationsorientierte Verfahren

Da Informationsverarbeitungsaktivitäten (Informationsfixierung, -übermittlung und -auswertung) im Verwaltungsbereich sehr hoch sind, ist die Analyse der Kommunikationsbeziehungen im Verwaltungsbereich vor der wirtschaftlichen und zielgerechten Implementierung der IT durchzuführen. "Das Ziel, ist Angaben darüber zu erhalten, von wem, wie häufig, mit welchen Partnern und über welchen Weg kommuniziert wird"[111]. Die kommunikationsorientierten Verfahren versuchen so, dem Organisationsmodellierer unterstützende Werkzeuge (computer- oder nicht-computergestützte) zur Verfügung zu stellen, um z. B. Schwachstellen der Kommuniaktionsbeziehungen zu identifizieren. Erweiterte Methoden unterstützen nach der Analyse auch den Planungsprozeß, um mit Hilfe von Simulationsprogrammen Lösungsalternativen präsentieren zu können[112]. Die Auswahl der Verfahren erstreckt sich über ein weites Feld, so daß nur einige dargestellt werden können[113].

Psychologisch- arbeitswissenschaftliche Ansätze

Die psychologisch- arbeitswissenschaftlichen Ansätze stellen den Menschen in den Mittelpunkt ihrer Untersuchungen. Es werden die Belastungs- und Beanspruchungsfaktoren des Mensch am Arbeitsplatz untersucht.

---

[111] **Kredel, L. : (1988), S.153, in Anlehnung an: Scheelhass, H.; Schönecker, H.:(1982), S. 12 ff**

[112] **Vgl. Krallmann, H.:(1994), S. 240**

[113] **Zu den einzelnen Ansätzen vgl. Übersicht in Steinle, C.,:(1989), S. 131 ff und Hoyer, Rudolf:(1988), S. 103 ff**

4.2. Vorstellung und Bewertung der Verfahren

In den nächsten Abschnitten werden die einzelnen Verfahren vorgestellt. Dabei kann es auftreten, daß sich bestimmte Aspekte in den verschiedenen Verfahren wiederholen.

4.2.1. Investitionsrechenverfahren

Unter dem Begriff Investition wird folgendes verstanden: "Eine Investition ist eine längere beabsichtigte Bindung finanzieller Mittel in materielle oder immaterielle Objekte mit der Absicht, diese Objekte in Verfolgung einer individuellen Zielsetzung zu nutzen"[114]. Die Zielsetzung bei jeder Investition ist, den Gewinn zu erhöhen. Für die Ermittlung der Wirtschaftlichkeit eines Investitionsobjektes spielt dessen Nutzungsdauer eine besondere Rolle. Traditionell werden Investitionsrechenverfahren in statische und dynamische eingeteilt.

4.2.1.1. Statische Verfahren

Zu den statischen Investitionsrechenverfahren, gehören die Kosten-, die Gewinn-, die Rentabilitäs- und die Amortisationsrechnung.

Kostenvergleichsrechnung

Bei der Kostenvergleichsrechnung werden die Kosten der alten Technologie, der neuen Technologie gegenübergestellt. Bei den Investitionsobjekten kann es sich dabei um Erweiterungs- oder/und um Rationalisierungsinvestionen handeln. Im Kostenvergleich können die unterschiedlichen Kosten der IT berücksichtigt werden. Dabei handelt es sich bei allen Größen um Durchschnittsgrößen ohne Veränderung im Zeitablauf oder von Zinsen und Zinseszinsen. Bei diesem Verfahren konzentriert man sich nur auf die Ausgaben der Investition, wobei die Alternative mit den durchschnittlich niedrigsten Kosten gewählt wird.

Bewertung:

Die monetären Kosten lassen sich kumulativ leicht errechnen und miteinander vergleichen. Merkel führt jedoch an, daß es Probleme "durch fehlende Meßwerte aus der Zeit vor der Investition und durch fehlende Meßwerte aus der Zeit nach

---

[114] **Kern, W.: (1974), S. 8**

der Investition zum Zeitpunkt der Entscheidung"[115] geben kann. Ebenfalls werden die Nutzenwirkungen und die Erlöse der IT nicht berücksichtigt. Lediglich die Kosten werden gegenübergestellt. Die Variabilität der Kosten, die während der Investitionszeit anfallen, bleibt ebenfalls außen vor.

Gewinnvergleichsrechnung

Bei der Gewinnvergleichsrechnung werden sowohl die Kosten als auch die Erlöse (Marktpreis ### produzierte Menge) des Investitionsobjektes den Alternativen gegenübergestellt. Die Ermittlung der produzierten Menge und die Feststellung des Marktpreises der zu erstellenden Dienstleistungen oder Büroprodukte kann dabei nur geschätzt werden.

Die Alternative mit dem höheren Gewinn, der sich von der Differenz aus Erlösen und Kosten ergibt, wird als beste Alternative gewählt. Es wird die Annahme getroffen, daß der durchschnittliche Kapitaleinsatz und die Laufzeit der Alternativen gleich sind.

Kritisch anzumerken ist, daß die tatsächlichen Kosten und die Leistung bei der Bewertung von Informationstechnologie schwer ermittelbar sind. Das Verfahren kann so verfälschte Ergebnisse liefern. Es werden zu dem keine Aussagen über die Rentabilität und die Amortisationsdauer des Investitionsobjektes gemacht.

Rentabilitätsrechnung

Im Unterschied zur Kosten- und Gewinnvergleichsrechnung wird das eingesetzte Kapital hier bei der Beurteilung der Investition berücksichtigt. Der Return on Investment (ROI) ergibt sich aus: Gewinn/ Kapitaleinsatz ### 100[116]. Die Investitionsentscheidung kann mit Hilfe von Rentabilitätsrangreihen getroffen werden, wobei ein Vergleich von geplanter und realisierter Verzinsung der Alternativen möglich ist. Bei dem Verfahren wird ein gleichmäßiger Gewinn über alle Perioden unterstellt. Die Erhaltungsdauer des Systems und die tatsächliche Kapitalbindung werden weitgehend vernachlässigt.

---

[115] Merkel, H.: (1986), S. 94

[116] Vgl. Kruschwitz, L.:(1978), S. 39f

Amortisationsrechnung

Die Amortisationsrechnung[117] versucht, den Zeitpunkt zu ermitteln, wann sich das Investitionsobjekt "amortisiert" hat. Man fragt, wann die objektbezogenen Ausgaben durch die Einnahmen gedeckt werden. Die Berechnung der Amortisationszeit ergibt sich aus der Division von Kapitaleinsatz (DM) und Rückfluß (DM/Jahr). Es wird somit ein Vergleich von erzielbarer mit gewünschter Wiedergewinnungszeit ermöglicht.

Kritisch ist anzumerken, daß die Rentabilität, die Restlebensdauer und die spätere Gewinnentwicklung des Investitionsobjektes vernachlässigt werden.

4.2.1.2. Dynamische Verfahren

Die dynamischen Verfahren betrachten im Unterschied zu den statischen Verfahren keine konstanten Aus- und Einzahlungsströme der Investitionsobjekte. Zu den dynamischen Verfahren gehören Kapitalwertmethode, Annuitätenmethode und die Methode des internen Zinsfußes.

Kapitalwertmethode

Die Kapitalwertmethode[118] geht davon aus, daß die durch eine Investition verursachten Einzahlungen und Auszahlungen unterschiedlich sein können. Unterschiedlich sind dabei sind die Größe, der zeitliche Anfall und die Dauer der Rückflüsse. Für die Vergleichbarkeit der verschiedenen Beträge des Investitonsobjektes wird der Zeitaspekt gewählt. Es werden alle Einzahlungen auf den Barwert abgezinst. Der tatsächliche Kapitalwert ergibt "sich als Differenz zwischen der Summe der Barwerte aller Einzahlungen und der Summe der Barwerte aller Auszahlungen (...)"[119]. Für eine sich lohnende Investition sollte sich ein positiver Kapitalwert ergeben, so daß der Einzahlungsüberschuß verzinst werden kann. Als Prämisse wird ein gleicher Kalkulationszinsfuß über alle Perioden angenommen.

---

[117] Vgl. Kruschwitz, L.: ebenda, S. 40 ff

[118] Vgl. Nagel, K.: (1990), S.66

[119] Nagel, K.: ebenda, S. 66

Zeitpunkt	t0	t1	t2	t3	t4	Summe
Einzahlungen	-	3000	2000	2000	2000	9000
Auszahlungen	-6000	-1000	-500	-300	-	-7800
Nettoeinzahlungen	-6000	+2000	+1500	+1700	+2000	1200

Abb. 3: Bsp. Rechnung Kapitalwert[120]

Bei einem Kalkulationszinsfuß von 8% ergibt sich folgender Kapitalwert:

Kapitalwert: -6000 +(2000/1,08^1) + (1500/1,08^2) + (1700/1,08^3) + (2000/1,08^4)

Kapitalwert = -43

Bei einem negativen Kapitalwert lohnt sich die Investition nur dann, wenn der Kalkulationszinsfuß kleiner als 8% ist. Ist der Kapitalwert positiv, würde sich die Investition lohnen, da man eine höhere Verzinsung als zum Kalkulationszinsfuß erreicht. Vergleicht man mehrere Alternativen, so wird die Alternative gewählt, die den höchsten Barwert erzielt.

Zur Kapitalwertmethode ist kritisch anzumerken[121], daß der Kalkulationszinsfuß nicht als allgemeines Kriterium anerkannt wird. Unrealistisch ist außerdem die Annahme der Kalkulationszinsfuß sei über den gesamten Zeitraum konstant. Legt man den üblichen Marktzins zugrunde, so schwankt dieser periodisch. Positiv an dem Verfahren ist, daß es relativ leicht anwendbar ist. Der Kalkulationszinsfuß kann, wenn die Projektberechnungen aufgeteilt werden, wechseln. Hierbei werden natürlich unterschiedliche Barwerte ermittelt.

Annuitätenmethode

Mit Hilfe der Annuitätenmethode wird für eine Investition, ausgehend von den Zahlungsgrößen und den Zeitpunkten und unter Berücksichtigung des Kalkulationszinssatzes, die durchschnittliche Zahlungsdifferenz berechnet.

Es werden die durchschnittlichen Einzahlungen mit den durchschnittlichen Auszahlungen verglichen, "d. h. die Basis dieser Methode bildet die Umrechnung der Barwerte von Investitionssumme und Rückfluß in gleiche Jahresbeiträge (Annuitäten)"[122]. Die Berechnung erfolgt mit Hilfe des Wiedergewinnungsfaktors, der sich aus den Angaben der Lebensdauer des Investitionsobjektes und einem Kalkulationszinsfuß ergibt. Die Berechnung der Annuität der Rückzahlungsflüsse ergibt sich aus[123]:

---

[120] Vgl. Nagel, K.: ebenda, S. 67

[121] Vgl. Nagel, K.: ebenda, S. 68

[122] Nagel, K.: ebenda, S. 68

[123] Vgl. Nagel., K.: ebenda, S. 68

Barwert der Rückflüsse ### Wiedergewinnungsfaktor

Und die Annuität der Investitionssumme berechnet sich aus:

Barwert der Investitionssumme ### Wiedergewinnungsfaktor

Ist die Differenz der Annuität der Rückflüsse und der Annuität der Investitionssumme größer, gleich oder kleiner Null bzw. größer, gleich oder kleiner als der Kalkulationszinsfuß, ist eine Verzinsung des noch nicht amortisierten Kapitaleinsatzes erreicht[124]. Die Annuität gibt "im Gegensatz zu Kapitalwerten eine periodisierte, jedoch für alle Perioden gleichermaßen gültige Erfolgsgröße an"[125].

Methode des internen Zinsfußes

Von einer vorgegeben Mindestverzinsung (Kalkulationszinsfuß) wird bei dieser Methode nicht ausgegangen. Man versucht lediglich den Diskontierungszinsfuß zu ermitteln, wo der Kapitalwert einen Wert von Null erhält, "d. h. bei dem die Barwerte der Enzahlungs- und Auszahlungsreihen gleich groß sind"[126].

Nachteilig an dem Verfahren ist, daß keine eindeutigen Handlungsrichtlinien für das Investitionsobjekt gegeben werden.

4.2.1.3. Bewertung der Verfahren

Eine Investitionsentscheidung kann nur sinnvoll getroffen werden, wenn im Einzelfall sowohl die Kosten als auch die Erträge möglichst genau ermittelt bzw. prognostiziert werden können. Die statischen und dynamischen Verfahren eignen sich nur für die Berechnung von quantifizierbaren Aspekten. Die nicht- oder schwer quantifizierbaren Aspekte/Wirkungen lassen sich kaum oder nur über die Erlöse indirekt mit einbeziehen [127]. Merkel führt an, "daß es aus wirtschaftlichen Gründen abgelehnt wird, den Beziehungszusammenhang zwischen dem Erlös für ein einzelnes Produkt oder die Erbringung einer speziellen Dienstleistung und den dadurch ausgelösten Informationsverarbeitungs- und Kommunikationsprozessen zu quantifizieren"[128].

Die Prämisse bei den statischen Verfahren, daß über alle Perioden die gleichen Auszahlungs- und Einnahmeströme führen, kann als realitätsfern eingestuft wer-

---

[124] Vgl. Nagel, K.: ebenda, S. 68-69

[125] Antweiler, J.: (1995), S. 121

[126] Nagel, K.: (1990), S. 69

[127] Vgl. Antweiler, J.: ebenda, S. 119

[128] Merkel, H.: (1986), S. 94

den. Aus diesem Grunde lassen sich die statischen Verfahren für langfristige Bewertungen kaum einsetzen[129].

Der wesentliche Unterschied zwischen den dynamischen und den statischen Verfahren liegt darin, daß die dynamischen um den Faktor Zeit erweitert werden[130] und die Prämisse von konstanten Ein- und Ausgabeströmen aufgehoben wird[131]. Jedoch erweist sich bei den dynamischen Verfahren die Annahme von gleichbleibenden Zinssätzen als unrealistisch und die Einnahmen- und Auszahlungsreihen beruhen in den meisten Fällen auf subjektiven Prognosen.

Lutz Kredel kommt zu der Auffassung, daß die Investitionsrechnung durch die einseitige Konzentration auf eine Kenngröße zwar für Investitionsentscheidungen im Produktionsbereich geeignet ist, jedoch nicht für den Bürobereich[132]. Weiter wird angeführt, daß "der Kapitalwert oder das Pay-Off-Verfahren nur für überwiegend operativ einzusetzende Systeme (..). eine sinnvolle Unterstützung"[133] bieten, jedoch nicht für langfristige strategische Entscheidungen. Die Betrachtung der rein quantitativen Größen reicht nicht aus. Die Investitionsrechenverfahren haben so nur eine eingeschränkte Aussagekraft über die tatsächlichen Kosten/Nutzenwirkungen und können nur im Ansatz als Bewertungsmethode eingesetzt werden. Allgemein kann zusammengefaßt werden, daß Verfahren, die Nutzenaspekte nach Art und Umfang vollständig vernachlässigen, sich nur bedingt für die Bewertung einsetzen lassen[134].

4.2.2. Kostenorientierte Ansätze

Im Mittelpunkt der kostenorientierten Verfahren steht die Bewertung der laufenden Kosten im Unternehmen. Die Verfahren sollen Hilfestellungen geben, wie die Verwaltungs- Dienstleistungs- oder Büroproduktkosten einer organisatorischen Einheit, einer Abteilung oder einer Unternehmung bewertbar gemacht werden können. Eine Bewertung der IT erfolgt dabei nicht unmittelbar, sondern indirekt über die Tätigkeiten, die in den betreffenden Bereichen ausgeführt werden. Einen Ansatz hierzu liefern die Prozeßkostenrechnung und ein modifiziertes Target Costing.

---

[129] Vgl. Scheer, A.-W.: (1992), S. 67

[130] Lutz, K.: (1988), S. 124

[131] Vgl. Antweiler, J.: (1995), S. 119

[132] Vgl. Lutz K.:(1988), S. 123

[133] Lutz, K.: ebenda, S. 123

[134] Vgl. Grochla, E.: (1970), S.23.

4.2.2.1. Prozeßkostenrechnung

Im Zusammenhang mit steigenden Gemeinkosten und deren verursachergerechten Zuordnung auf die einzelnen Kostenstellen und -träger ist die Prozeßkostenrechnung entwickelt worden. Sie stellt einen Versuch dar, die Gemeinkosten, die auch im Zusammenhang mit dem Einsatz von IT anfallen, transparenter zu verrechnen. Die Kosten der Verwaltung, von Dienstleistungen und erstellten Büroprodukten (Anträge bearbeiten u.a.), die mit Hilfe von WMS entstehen, können mit Hilfe dieses Verfahren, im Vergleich zu den traditionellen Verfahren (Zuschlagskalkulation[135]) verursachergerecht ermittelt werden.

Vorgehensweise[136]: In der Prozeßkostenrechnung werden repetitive Tätigkeiten/Aktivitäten im Gemeinkostenbereich betrachtet. Unter repetitiven Tätigkeiten werden sich wiederholende Aktivitäten im Unternehmen verstanden. Betrachtet werden Haut- und Teilprozesse. Bei der kostenstellenübergreifenden Zusammenfassung von Teilprozessen zu Hauptprozessen muß beachtet werden, daß ein sachlicher Zusammenhang zwischen den Teilprozessen und den Hauptprozessen vorliegt[137]. Ein Hauptprozeß kann z. B. " Material beschaffen " sein. Einen Teilprozeß dieses Hauptprozesses kann z. B.: die telefonische Auftragsvergabe bilden.

Die Tätigkeitsanalyse bzw. die Aktivitätenanalyse[138] bildet die Grundlage zur Erfassung der Prozeßkosten. Mit Hilfe von Zeitaufnahmen, Selbstaufschrieben, Schätzungen durch Mitarbeiter und/oder Abteilungsleiter lassen sich alle relevanten Daten erheben (Zeit, Menge, Arbeitsaufgabe etc.). Die Aktivitäten werden nach Umfang der Inanspruchnahme der Ressourcen in Mengen (Anzahl) und Werteinheiten (= Kosten/DM) gemessen.

Anschließend werden die Prozesse in leistungsmengeninduzierte (lmi) und leistungsmengenneutrale (lmn) gegliedert. Der Aufwand der lmi Prozesse (z. B. telefonisch Aufträge annehmen) ist von der Anzahl der Prozeßdurchführungen abhängig während lmn Prozesse Bereitschafts- oder Strukturkosten darstellen (z. B. Abteilung leiten). Die lmn Prozesse fallen unabhängig vom Leistungsvolumen der Kostenstelle an. Die Kosten der lmn Prozesse werden mit einem Umlageschlüssel auf Basis der zeitlichen Anteile an Mitarbeiterjahren auf die lmi Prozesse verteilt.

Für die lmi Aktivitäten sind die Kostentreiber (cost driver) festzulegen, wobei nicht Zeit- oder Wertgrößen, sondern bevorzugt Mengengrößen gewählt werden. Imn

---

[135] Vgl. **Schulte, C.**: (1991), S.20

[136] Vgl. **Zimmermann, G**: (1992), S.198 ff, **Freidank, C. C.**: (1993), S. 389-392, und **Horvath, P.; Mayer, R.**: (1989), S. 216 ff

[137] **Horvath, P.; Mayer, R.**: (1989), S. 216

[138] **Fröhling, O.**: (1992), S. 727

Prozesse, deren Kosten unabhängig vom Volumen der Prozeßaktivitäten entstehen werden, proportional zur Höhe der lmi Prozeßkostensätze ermittelt[139].
Anschließend werden die hinter dem Prozeß stehenden Kostenantriebskräfte (Cost Driver) ermittelt. Diese bilden die eigentlichen Bezugsgrößen für die Erfassung der Gemeinkosten. Denn die Höhe der Materialgemeinkosten ist z. B. nicht nur von dem Wert der bestellten Ware abhängig, sondern auch von der Quantität der Bestellungen pro Periode, der Anzahl der Lagerbewegungen etc.
Die Prozeßkalkulation verläuft in folgenden Schritten[140]: Im ersten Schritt werden die Prozeßkosten je definierte Prozeßgröße ermittelt. Die Prozeßkostensätze, die später für die Verrechnung benötigt werden, werden im zweiten Schritt gebildet.

Bsp.:
Prozeßkostensatz = Prozeßkosten/ Prozeßmenge = Prozeßkostengröße
Prozeßkostensatz = 10000/ 1000 = 10 DM je Eingangsprüfung
Die lmn Prozeßkosten werden über prozentuale Zuschlagssätze/ Umlagesätze auf die Produkte verrechnet.
Umlagesatz = (Prozeßkosten (lmn)/ Prozeßkosten (lmi) ### 100

Bewertung:
Durch die Verwendung der Prozeßkostensätze erfolgt eine genauere Gemeinkostenzuordnung. Die Zuordnung der Gemeinkosten erfolgt nicht mehr über prozentuale wertmäßige Zuschlagssätze auf die Produkte.
Durch inner- und außerbetriebliche Vergleiche von Verwaltungs- und Büroprodukte lassen sich die eigenen Stärken und Schwächen bestimmter Prozeßkosten ermitteln.
Durch die Einbeziehung von nicht wertschöpfenden Tätigkeiten zeigt das Verfahren "den Anteil der betrieblichen Ressourcen, die z. B. durch Reklamationen, Reparaturen und Nacharbeiten (...) gebunden sind, und liefert damit Ansatzpunkte für die Erhöhung der betrieblichen Effizienz durch eine verbesserte Gestaltung der bestehenden Abläufe. Gleichzeitig werden die bestehenden Abhängigkeiten zwischen den einzelnen betrieblichen Funktionsbereichen aufgezeigt"[141]. Die Prozeßkostenrechnung kann somit einen kostenstellenübergreifenden Ansatz zur Optimierung der Prozeßstruktur im Unternehmen bilden
Kaplan ist der Meinung, daß das Verfahren nicht als eine Alternative zum vorhandenen Kostenrechnungssystem, sondern als ergänzende Variante zur Erreichung

---

[139] vgl. Horvath/Mayer 1989 Literaturangabe aus Coenenberg).

[140] Vgl. Christoph, O.: (1991), S. 49 ff und Coenenberg, A. G.: (1993), S. 204ff

[141] Coenenberg, A. G.: (1993), S. 215

spezifischer Zwecke[142] dient. Bibel vertritt die Meinung: "Über die leistungs- bzw. mengenorientierte Gemeinkostenplanung sowie laufendem Soll-Ist-Vergleich läßt sich die Qualität von Kostenplanung und Kostensteuerung erheblich verbessern"[143].

Auch Müller urteilt positiv über die Prozeßkostenrechnung: "Im Unterschied zur traditionellen Vollkostenrechnung zeigt die Prozeßkostenrechnung auf, auf welchen kostentreibenden Prozessen das Betriebsgeschehen, gerade auch in den indirekten Leistungsbereichen, beruht"[144].

Folgende Vorteile lassen sich also zusammenfassen:

- "- Die Planung und Kontrolle von Gemeinkosten (Fixkosten) wird durch die Analyse der kostentreibenden Prozesse erheblich verbessert und
- die Verrechnung von Gemeinkosten auf Kostenträger kann zumindest für den Teil der Prozeßkosten, die direkt oder mittels Poolrechnung verteilt werden können, verursachergerechter erfolgen (...)"[145].

Kritisch anzumerken ist, daß bei Einführung einer Prozeßkostenrechnung eine tiefergehende Analyse der Prozesse nötig ist, die einen hohen Zeit- und Personalbedarf erfordert. Angemerkt wird, "daß es nicht gelingt, die Abhängigkeitsbeziehungen zum Kostenträger eindeutig und rechenbar zu formulieren"[146], und : Die "Prozeß- bzw. Bezugsgrößen bilden in zahlreichen Fällen die Kostenstellenleistungen nur teilweise ab, weil z. B. in nennenswertem Umfang bestimmte Grundaufgaben oder Tätigkeiten anfallen, die in keiner unmittelbaren Beziehung zu den Prozessen stehen"[147].

Die eingeschränkte Sichtweise auf die innerbetrieblichen Prozesse führt zu einer fehlenden Beurteilung des Umfeldes des Unternehmens.[148] Die PKR betrachtet nur die Kosten der Prozesse, jedoch fehlen Aussagen zu den Qualitäten der Prozesse.

4.2.2.2. Target Costing

---

[142] Vgl. Kaplan, R. S.: (1990), S. 22

[143] Bibel, A.: (1991), S. 86

[144] Müller, A.: (1992), S. 138

[145] Müller, A.: ebenda, S. 138

[146] Vgl. Bibel, A.: (1991), S. 89

[147] Bibel, A.: ebenda, S. 89

[148] Vgl. Rau, H.-P.: (1995), S. 83

Target Costing (Zielkosten) gehört zu den modernen Controllinginstrumenten der Kostenkontrolle. Es handelt sich nicht um ein Kostenrechnungssystem, "sondern um einen umfassenden Kostenplanungs-, steuerungs- und kontrollprozeß, eingebettet in den Gesamtprozeß der Produktentstehung[149]".

Ziel des Target Costing ist, "über die Konzentration auf die Gestaltung und Herstellung der einzelnen Produkte das ganze Unternehmen auf den ganzen Markt auszurichten und Produktrentabilitäten auch bei steigender Wettbewerbsintensität zu erhalten bzw. zu steigern"[150]. Verwendung findet das Target Costing überwiegend im Produktbereich. Modifiziert könnte es auch im Verwaltungsbereich angewendet werden.

Vorgehensweise: Um den Absatz eines neuen Produktes zu gewährleisten, werden anhand von Marktforschungen die Kaufpreise ermittelt, die die Kunden zu zahlen bereit sind, der sogenannte Target Price. Von diesem Target Price wird der notwendige Gewinn abgezogen. Ergebnis sind die Target Costing. Ziel des Managements ist es, von vornherein feste Kosten für die Entwicklung, die Fertigung und den Absatz den Abteilungen vorzugeben. Es handelt sich hierbei um ein marktstrategisches Handlungsprinzip[151]. Die in Europa und Amerika praktizierte Kostenfeststellung für etwa ein neues Produkt, erfolgt zum größten Teil erst am Ende der wichtigsten Schritte (Entwicklung, Fertigung, Absatz etc.), während in Japan, wo das Target Cost Management zur Anwendung kommt, "(...) sofort die Verknüpfung mit der Marktstrategie über den Target Price vorgenommen (...)"[152] wird.

Mit Hilfe des Target-Costing-Verfahrens können die Verwaltungs-, Dienstleistungs- und Büroproduktkosten vor Einführung der IT unter Rentabilitätsgesichtspunkten festgelegt werden. Das Verfahren hilft, die laufenden Kosten genauer zu planen und zu steuern. Anhand von Marktanalysen kann untersucht werden, was Verwaltungsleistungen für einen Marktpreis erzielen. Von diesem Marktpreis wird der Gewinn abgezogen. Entsprechend bilden sich die Zielkosten, die im Verwaltungsbereich anfallen dürfen.

4.2.3. Wertorientierte Ansätze

4.2.3.1. Wertanalyse

---

[149] **Horvath, P.; Seidenschwarz, W.: (1992), S. 143**

[150] **Horvath, P.; Seidenschwarz , W: ebenda, S. 143**

[151] **Klingler, B.:(1993), S. 201**

[152] **Klingler, B.: ebenda, S. 201**

Die Wertanalyse ist " eine schrittweise Vorgehensweise, bei der die Funktionen einer Leistung (Produkt oder Dienstleistung) unter Vorgabe von Wertzielen im Rahmen einer interdisziplinären Zusammenarbeit durch ganzheitliche Problembetrachtung und Kreativitätstechniken im Hinblick auf das Kosten / Nutzenverhältnis verbessert bzw. gestaltet werden"[153]. "Bei der Wertanalyse zerlegt man einen Sachverhalt in Einzelkomponenten und sucht den Wert der bestimmenden Komponenten."[154]

Es werden überwiegend Sachgüter, Dienstleistungen und Verwaltungsprozessse in die Untersuchung einbezogen. Das Ziel der Wertanalyse besteht darin, alte Leistungen zu verbessern und Beiträge zur Gestaltung neuer Leistungen zu leisten.

Die Begriffe des Werts und der Funktion spielen bei dem Verfahren eine entscheidende Rolle. Funktionen werden unter den Aufgaben (Tätigkeiten) zusammengefaßt, die von einem bestehenden oder neu zu entwickelnden Produkt (Erzeugnis), einem Prozeß oder einer Bürotätigkeit erfüllt werden sollen[155].

Im Verwaltungsbereich werden die Leistungen in der Funktionsanalyse nach Funktionsarten, Funktionsklassen und funktionsbedingten Eigenschaften eingeteilt. Den verschiedenen Verwaltungstätigkeiten eindeutige Funktionen zuzuordnen, bereitet dabei erhebliche Probleme.

Der zweite wichtige Aspekt ist der Wert der erbrachten Leistung, wobei sich der Wert aus den subjektiven Zielvorstellungen der Leistungsersteller und Leistungsempfänger ergibt. Kriterien für die Wertermittlung ergeben sich aus den Funktionen, der Qualität, der Zuverlässigkeit, der Form und der Lieferzeit des Produktes[156].

Mit Hilfe der DIN 69910 wird ein systematisches Vorgehen anhand eines Arbeitsplanes zur Durchführung der Wertanalyse vorgegeben. Die DIN 69910 stellt "einen erfolgversprechenden Ansatz zur Effizienzsteigerung bzw. Kosteneinsparung "[157] im Unternehmen dar.

---

[153] Burger, A.: (1995), S. 68

[154] Burger, A.: ebenda, S. 66

[155] Vgl. VDI-Gemeinschaftsausschuß : (1972), S.5

[156] Vgl. Voigt, C. D.: (1974), S. 34

[157] Sommer, J.; u.a.: (1995), S. 28

Grundschritt Nr.1 Vorbereitende Maßnahmen	Teilschritt 1 Auswahl der WA-Objekte und Stellen der Aufgabe Teilschritt 2 Festlegen des quantifizierten Zieles Teilschritt 3 Bilden der Arbeitsgruppen Teilschritt 4 Planen des Ablaufes	Programmanalyse ABC-Analyse Schwachstellenanalyse Nutzwertanalyse Kennzahlen, Messen am Ideal Gruppendynamik Projektmanagement Terminlisten Netzplantechnik
Grundschritt Nr. 2 Ermitteln des Ist-Zustandes	Teilschritt 1 Information beschaffen und Beschreiben des WA- Objektes Teilschritt 2 Beschreiben der Funktionen Teilschritt 3 Ermitteln der Funktionskosten	Nutzwertanalyse Funktionspläne Stellenbeschreibung Funktionsanalyse mit Funktionsgliederung Kostenanalyse Funktionskostonbildung
Grundschritt Nr. 3 Prüfen des Ist-Zustandes	Teilschritt 1 Prüfen der Funktionserfüllung Teilschritt 2 Prüfen der Kosten	Funktionsbewertung Kostenzielbildung, Ideal
Grundschritt Nr. 4 Ermitteln von Lösungen	Suche nach allen denkbaren Lösungen	Brainstorming Morphologie
Grundschritt Nr. 5 Prüfen der Lösungen	Teilschritt 1 Prüfen der sachlichen Durchführbarkeit Teilschritt 2 Prüfen der Wirtschaftlichkeit	Optimierungsrechnung Kostenvergleich Bewertungsverfahren
Grundschritt Nr. 6 Lösungsbestimmung	Auswählen, Empfehlen und Verwirklichen einer Lösung	Nutzwertanalyse Rangfolgebildung Netzplantechnik

Abb. 4: Arbeitsplan nach DIN 69910[158]

Kritisch ist anzumerken, daß bei den einzelnen Arbeitstechniken keine Methodik, vorgegeben wird und die tiefgreifende Analyse des Wertes der Produkte fehlt[159]. Für die Berechnung der Wirtschaftlichkeit muß die Wertanalyse neben den quantitativen Zielgrößen auch qualitative integrieren. Die Erfassung der strategischen Nutzenwirkungen fällt auch in diesem Verfahren aus. Die Wertanalyse liefert aber anhand eines strukturierten Ablaufplanes einen Ansatz zur Messung der Verwaltungsleistungen und -prozesse im Unternehmen.

4.2.3.2. Gemeinkostenwertanalyse

---

[158] Vgl. Hände, S.: (1975), S. 19

[159] Zangl, H.: (1988), S. 222

Die Gemeinkostenwertanalyse (GKW) hat sich aus der Idee der Wertanalyse entwickelt. Im englischsprachigen Raum ist sie als Overhead-Value-Analyse (OVA) bekannt. Primäres Ziel der GKW ist "die Kostensenkung durch Abbau nicht zielgerechter Leistungen (Effektivitätskriterium) und/oder durch rationellere Aufgabenerfüllung (Effizienzkriterium) im Verwaltungsbereich"[160].

Die Vorgehensweise läßt sich folgendermaßen beschreiben[161]l:

In der Analysephase müssen die Kostenstellenleiter ihre Kosten und Leistungen strukturieren. Anschließend wird ein Leistungskatalog mit den zugewiesenen Kosten festgelegt. Eine Tätigkeitsstrukturanalyse soll Aufbau- und Ablauforganisation durchleuchten, wobei mit Hilfe von Interviews oder Selbstaufschreibungen die Zeit für die einzelnen Tätigkeiten ermittelt und zugeordnet wird[162]. Dabei können Einsparungs- oder Rationalisierungsvorschläge gemacht werden. In der Entscheidungsphase, "gilt es die Rationalisierungsvoschläge hinsichtlich ihrer Realisierbarkeit, Einführungsdauer und Wirtschaftlichkeit zu überprüfen"[163].

Bewertung: Zur Planung von IT-Einsätzen bietet das Verfahren den Ansatz, die inneren Aufgaben von Organisationen zu untersuchen. Tatsächliche Ursache-Wirkungszusammenhänge werden allerdings nicht deutlich aufgezeigt und es existiert keine Methode die die Sinnhaftigkeit von bestimmten Büroleistungen aufzeigt[164]. Die reine Kostenbetrachtung kann dazu führen, daß der strategische Aspekt von IT vernachlässigt wird. Durch isolierte Einsparungvorschläge in einzelnen Abteilungen wird der gesamtorganisatorische Zusammenhang, der mit IT bewirkt wird, aus den Augen verloren. Zangl faßt zusammen, das die Gemeinkostenwertanalyse, "als Kontrollinstrument im Sinne einer in größeren Abständen erfolgenden Revision"[165] betrachtet werden kann. Die dabei erhaltenen Erkenntnisse " reichen allerdings bei weitem nicht aus, strategische wie operative Entscheidungen zu treffen"[166].

4.2.3.3. Zero Base Budgeting

---

[160] Huber, R.: (1987), S. 65

[161] Vgl. Müller, A.:(1992), S.41-45

[162] Vgl. Thomas, W.: (1985), S 39 ff,

[163] Müller, A.:(1992), S 43

[164] Zangl, H.: (1985), S. 214

[165] Zangl, H.: ebenda, S. 216

[166] Zangl, H.: ebenda, S. 216

Das Zero Base Budgeting (ZBB) verfolgt, ähnlich wie die beiden ersten wertorientierten Verfahren, das Ziel der Kostensenkung im Verwaltungsbereich[167], um die dort vorhandenen Ressourcen möglichst wirtschaftlich einzusetzen. Dabei finden sich die ersten beiden wertorientierten Verfahren im Zero Base Budgeting wieder. Das Zero Base Budgeting "integriert eine Anzahl klassischer Analyse und Planungstechniken, wie beispielsweise Management-by-Objektives, Gemeinkostenwertanalyse (...)"[168]

Zur Vorgehensweise[169]: Mit Hilfe einer detaillierten Zielbeschreibung und einer Funktionsanalyse werden die Verwaltungsbereiche der einzelnen Mitarbeiter untersucht. Es werden Budgetschnitte für bestimmte Funktionen und Objekte beschlossen, die nicht unmittelbar zur Wertschöpfung im Verwaltungsprozeß beitragen. Anschließend setzen sich die Objekt- und Funktionsträger mit den begrenzten Budgets in ihrem Bereich auseinander. Ziel hierbei ist es, mit Hilfe von verschiedenen Gremien internen (Unternehmens- Abteilungs-, Stellenleitung) und externen Gremien (Unternehmensberater) Lösungen zu finden, wie mit den begrenzten Budgets die gleiche oder erhöhte Leistungen erbracht werden können[170]. Dabei werden die einzelnen Leistungen mit Hilfe von subjektiven Nutzwerten bewertet, um u. a. die Leistungen mit niedrigen Nutzwerten in Frage zu stellen. Diese sollen entsprechend aus dem Betriebsprozeß eliminiert und durch effizientere und effektivere Alternativen ersetzt werden.

Bewertung: Auch dieses Verfahren bietet die Möglichkeit, vor der Planung von IT-Einsätzen die unternehmensinternen Aufgaben näher zu beleuchten und gegebenenfalls durch den Einsatz von IT effizienter und effektiver zu gestalten. Es werden Anstöße für eine verbesserte Aufbau- und Ablauforganisation gegeben, eine nähere Beleuchtung auch nicht wertschöpfender Tätigkeiten wird durchgeführt und die optimalere Nutzung knapper Ressourcen wird erstrebt[171].

Das Zero Base Budgeting ist jedoch mit großen Einschnitten im Verwaltungsbereich und hohem Zeitbedarf zur Durchführung verbunden. Angeführt wird ferner, daß sich die Methode nicht " (...) zur kurzfristigen periodischen Verwaltungskostenplanung (...)"[172] eignet. "Sie wird vielmehr sporadisch (z. B. alle 3 Jahre) zur Reallokation und Senkung der Verwaltungskosten eingesetzt. Die auf dieser

---

[167] Picot, A.: (1979), S. 1160

[168] Meyer, P.: (1990), S. 309

[169] zur genauen Vorgehensweise vgl. Meyer P.(1990) und Picot, A.: (1979), S. 1158 ff

[170] Picot, A.: (1981), S. 341

[171] Vgl. Seibel, J.: (1980), S. 119

[172] Picot, A.: (1979), S. 1160

Grundlage gefundene und verwirklichte Struktur ist dann Ausgangspunkt für die folgenden periodischen Planungen"[173].

Zusammenfassender Vergleich und Bewertung

Alle drei Verfahrensweisen haben die Zielsetzung, Rationalisierungspotentiale im Unternehmen zu finden, um Kosten zu sparen. In der Vorgehensweise ähneln sich die drei Verfahren. Während die Gemeinkostenwertanalyse untersucht, "wie eine vorgegebene Leistung am wirtschaftlichsten erstellt wird..." [174]stellt sich das ZBB die Frage, ob" (...) die Leistung in Zukunft überhaupt benötigt wird"[175].

Das ZBB versucht, im Vergleich zu beiden ersteren Verfahren, das Leistungsniveau bestimmter Verwaltungsleistungen zu erhöhen oder zu senken. Dies bewirkt nach Ansicht Picots "eine Reallokation des Verwaltungsbereichs"[176]. Die verursachergerechte Zuordnung der Gemeinkosten im Verwaltungsbereich auf die einzelnen Kostenträger wird nicht gelöst. Das Problem der Ermittlung von marktgerechten Preisen als Verrechnungspreise[177] für die Verwaltungsleistungen bleibt bei allen drei Verfahren offen. Die Objektivität bei der Bewertung des Kosten Nutzen-Verhältnisses ist nicht hinreichend gewährleistet, und es wird eher ein subjektiver Bewertungsmaßstab[178] zugrunde gelegt.

Die Nutzenwirkungen neuer Technologien werden nur unter Kostengesichtspunkten und nicht als strategische Aspekte betrachtet. Strategische Aspekte wie die Kundenorientierung, Flexibilitäts- und Zeitaspekte werden in der DIN 69910 kaum betrachtet. "Besonders unter dem Blickwinkel der sich rapide erweiternden Angebots von Bürotechnik zur Bürorationalisierung besteht bei Anwendung beider Verfahren (ZBB, OVA) die große Gefahr, Fehlentscheidungen zu begünstigen, deren Konsequenzen nachhaltig negative Effekte bewirken (z. B. Abbau der Flexibilität) und deren Umkehrung wiederum mit großem Aufwand verbunden ist"[179].Allen Verfahren ist gemeinsam, daß ein hoher Aufwand zur Erfassung der Kosten und Nutzen nötig ist.

---

[173] Picot, A.; ebenda, S. 1160

[174] Witte, E.: (1984), S. 24

[175] Witte, E.: ebenda, S. 24

[176] Picot, A.: (1981), S. 340

[177] Vgl. Gaitanides, M.: (1983), S. 240

[178] Vgl. Gaitanides, M.: ebenda, S. 240

[179] Zangl, H.: (1985), S. 214-215

4.2.3.4. Nutzenanalyse

Bei der Nutzenanalyse handelt es sich um ein mehrstufiges Verfahren[180], bei dem mit Hilfe von Risiko-Nutzen-Tabellen Entscheidungen für bestimmte Alternativen getroffen werden. Durch die Bildung bestimmter Nutzenkategorien stellt das Verfahren einen Ansatz dar operative und strategische Nutzenwirkungen zu untersuchen. Die Nutzenkategorien werden in

- direkter Nutzen

- relativer Nutzen und

- schwer faßbarer Nutzen eingeteilt[181].

Beispiele[182]

für den relativen Nutzen: Die automatische Kreditkontrolle reduziert die uneinbringlichen Forderungen z. B. um 30%.

für den schwer erfaßbaren Nutzen: Immaterielle Vorteile wie die Verbesserung der Sicherheit der Datenerfassung, das Firmen- Image, etc.

Vorgehensweise[183]: Die einzelnen Nutzenkategorien sind nach der Einschätzung ihrer Realisierbarkeit (hohen, mittleren und geringeren Erwartungen) zu unterteilen. Allen Nutzenaspekten werden Werte zugewiesen, wobei die schwer erfassbaren Nutzenwerte separat erfaßt werden. Diese Werte werden in einer Tabelle eingetragen, "(...) die sowohl eine Zuweisung zu den Nutzenkategorien als auch zu den Realisierungschancen enthält"[184]. Eine einfache Erfaßbarkeit (quantifizierbare Nutzenkategorie) impliziert automatisch eine höhere Wertigkeit.

Nutzen Übersicht			
Realisierungschance Nutzenkategorie	hoch	mittel	gering
direkter Nutzen	###	###	###
relativer Nutzen	###	###	###
schwer erfaßbarer Nutzen	###	###	###

Abb. 5: Standardaufteilung der Nutzenanalyse[185]

---

[180] Vgl. Antweiler, J.:(1995), S. 141

[181] Vgl. Nagel, K.: (1992), S. 71

[182] Vgl. Nagel, K.: ebenda, Tabelle Spalte 3 und 4, S. 72

[183] Vgl. Nagel, K: ebenda, S. 75 ff und Antweiler, J.:(1995), S. 141 ff

[184] Antweiler, J.: ebenda, S 141

[185] Vgl. Nagel, K.: (1992), S. 76 und Antweiler, J.:(1995), S. 142

Nach der Zuordnung der monetär bewerteten Größen in einem bestimmten Feld werden die Teilnutzen für jedes Feld ermittelt. Diese lassen sich auch in einer Risiko-Nutzen-Tabelle[186] eintragen. Durch den Vergleich verschiedener Alternativen anhand der Tabellen ist es möglich, Präferenzentscheidungen zu treffen.

Bewertung: Die Nutzenanalyse ist eine Methode, die Nutzenwirkungen nach drei Klassen differenziert und Wahrscheinlichkeiten bzw. Realisierungsgrade mit in das Verfahren einbezieht. Auch besteht die Möglichkeit, nach Auswertung der Alternativen durch die kumulierten Werte finanzmathematische Verfahren für Berechnungen einzubeziehen.

Kritisch anzumerken ist, daß bei der Ermittlung und Bewertung der Nutzenkategorien ein hoher Zeitaufwand erforderlich ist. Weiterhin steht im Vordergrund, gegenwärtige und zukünftige Kosten in Organisationen zu reduzieren[187]. Die schwer erfaßbaren Nutzenwirkungen aber fallen in der Wertigkeit geringer aus. Dies kann zu Fehlentscheidungen führen, wenn z. B. strategische Wettbewerbsvorteile mit IT (qualitative Aspekte) realisiert werden können. Zusammenfassend ist die Nutzenanalyse ein erweitertes Konzept zur Nutzenbewertung. Der vollständigen Bewertung der qualitativen Nutzenwirkungen wird das Verfahren aber nur in Ansätzen gerecht.

4.2.3.5. Nutzwertanalyse

Bei der Nutzwertanalyse handelt es sich um ein mehrdimensionales Verfahren, wobei mehr als ein Ziel untersucht wird. Das heißt, es besteht die Möglichkeit neben quantitativen, monetären auch qualitative Größen zu untersuchen. "Genau gesehen stellt die Nutzwertanalyse (...) nicht ein einziges Verfahren dar, sondern ein ganze Klasse von Verfahrensvarianten[188]". Dazu zählt z. B. die Scorring Technik, die ein sogenanntes Punktbewertungsverfahren darstellt.

Vorgehensweise[189]: Den verschiedenen zu beurteilenden Alternativen werden anhand von Beurteilungskriterien Punkte zugewiesen (Scores). Diese Punkte werden gewichtet und nach der Bedeutung der Kriterien aufaddiert . Die Bewertung der Alternativen läßt sich anhand von Nominal-, Ordinal-, Kardinal-, Intervall- und

---

[186] Vgl. Nagel, K.: (1992), S. 76

[187] Vgl. Nagel, K.: ebenda, S. 83

[188] Vgl. Schneeweiß, C.: (1990), S. 14

[189] Vgl. Schneeweiß, C.: ebenda, S. 14

Verhältnisskalen durchführen[190]. Abschließend wird eine Rangfolge erstellt und die Alternativen mit der höchsten Punktzahl werden bei der Auswahl präferiert.

Bewertung: Die Festlegung der Kriterien erfolgt auf subjektivem Weg und ist sehr zeitaufwendig. Die Zurechnung und Bewertung der tatsächlichen Kosten- und strategischen Nutzenwirkungen des Investitionsobjektes erweisen sich als schwierig.

Vorteilhaft an dem Verfahren ist, daß mehrere Zielsetzungen verfolgt werden können, eine Differenzierung nach einzelnen Kriterien erfolgt, die Entscheidung transparent gemacht und durch die verschiedenen Bewertungsregeln Flexibilität geschaffen wird[191].

Antweiler faßt positiv zusammen: "Aus den Möglichkeiten, sowohl qualitative als auch quantitative Aspekte berücksichtigen zu können, läßt sich (...) eine grundsätzliche Eignung der Nutzwertanalyse für die Unterstützung von Wirtschaftlichkeitsanalysen ableiten"[192].

4.2.3.6. Kosten-Nutzen-Analyse

Mit den ersten beiden kostenorientierten Verfahren wurden moderne Ansätze zur Untersuchung von Kosten im Unternehmen betrachtet. Bei dem Verfahren der Kosten-Nutzen-Analyse handelt sich um eine Methode, bei den die jeweiligen Kosten und Nutzen der zu betrachtenden Alternativen miteinander verglichen und bewertet werden.

Das Vorgehen gliedert sich zweistufig[193]: Im ersten Schritt werden alle Kosten auf den jeweiligen Zeitpunkt abdiskontiert, um eine Vergleichbarkeit zu ermöglichen. Im zweiten Schritt wird der Nutzen der Alternativen monetär mit Hilfe einer Nutzenanalyse[194]. Eine andere Möglichkeit, zur Ermittlung der Nutzenwirkungen besteht in der Anwendung der Nutzwertanalyse, bei der dimensionslose quantitative Größen gebildet werden können[195]. Abschließend werden die beiden Alternativen gegenübergestellt, und die Alternative, bei der das Kosten-Nutzen-Verhältnis besser ausfällt, wird als bessere bewertet.

---

[190] Vgl. Nagel, K.: (1992), S. 90-91

[191] Vgl. Nagel, K. : ebenda, S. 97

[192] Antweiler, J.: (1995), S. 125

[193] Vgl. Antweiler, J.: ebenda, S. 144

[194] Scheer, A.-W.: (1983) ,S. 95

[195] Vgl. Schumann, M.: (1993), S. 172

Bewertung : Positiv aufgefaßt wird, daß die Kosten-Nutzen-Analyse "von der Zielsetzung und Plausibilität her (...) das einfachste und klarste Verfahren" [196]ist
Kritisiert wird, daß sich die Kosten-Nutzen-Analyse kaum für die Bewertung von IT eignet, "da zwischen zwei unterschiedlichen Abläufen ein unmittelbarer Vergleich stattfinden müßte, aber wesentliche Teile des Ablaufes inzwischen modifiziert bzw. entfallen sind und andere Faktoren neben den Kosteneinsparungen eine höhere Bewertung erfahren haben, die sich aber nicht oder nur sehr schwer in Geldäquivalenten ausdrücken lassen"[197]. Das Problem der monetären Bewertung von Alternativen tritt ebenfalls auf. Da sich das Verfahren auch aus der Nutzwertanalyse zusammensetzen kann, treten die unmittelbaren Probleme des jeweils eingesetzten Verfahren ein, so daß die Werte der Kosten-Nutzenwirkungen als zusammengefaßte Größen vorliegen und so von der Realität abweichen können[198]. "Der Aussagegehalt ist (...) als (...) gefärbt zu klassifizieren, da der Entscheidungsträger über das Zustandekommen der Größen i.d.R. keine unmittelbaren Informationen erhält"[199].

4.2.3.7. FAOR-Methode

Das FAOR (Functional Analysis of Requirements) Konzept basiert auf der Ermittlung der quantitativen und qualitativen Kosten- und Nutzenwirkungen von IT. "Als Entscheidungsinstrument liefert sie Informationen und Argumente, um Bürosystem-Alternativen vor ihrem Einsatz auf der Basis von Kosten- und Nutzengrößen zu vergleichen[200]".
In Anlehnung an Schäfer faßt Hoyer die Ziele der FAOR-Methode wie folgt zusammen: Es sind

- "- Problemsituationen im Büro zu erkennen,
- die Analyse des Bürobereichs zu unterstützen und die
- Anforderungen an Bürosysteme zu definieren"[201].

---

[196] Kredel, L.: (1988), S. 194

[197] Kredel, L.: ebenda, S. 194

[198] Vgl. Antweiler, J. :(1995), S. 145

[199] Antweiler, J. :ebenda, S. 145

[200] Schäfer, G.; Wolframm, G.: (1987), S. 252-253

[201] Hoyer R. : (1988), S. 129

Als wesentliche Einflußgröße wird das menschliche Handeln bei der Analyse des Büros und der Verwaltungstätigkeiten betrachtet[202].
Das Vorgehen zur Ermittlung der Nutzenvorteile wird in Form einer Systemanalyse unter Zuhilfenahme anderer Methoden (Informationsanalyse, Kommunikations-analyse (s.u.), Aufgabenanalyse und Kosten-Nutzen-Analyse (s.o.) u.a. durchge-führt[203].

Antweiler faßt die Vorgehensweise wie folgt zusammen[204]:
- Vergleich des existierenden Technologiesystems mit dem neuen.
- Abgleichen, ob durch den Einsatz der IT sich die Abfolge in der Aufgabener-füllung der Prozeßketten ändert und welche Auswirkungen hierbei auftreten.
- Subjektive Bewertung der Indikatoren für Arbeitszeitaufwendungen für Büro-aktivitäten, Durchlauf, Informationsbasis und Reaktionsfähigkeit[205].
- Welche Nutzenpotentiale haben sich durch die Auswirkungen nach Einsatz des IT ergeben?
Abschließend erfolgt eine quantifizierbare Bewertung. Bei der Bewertung von nichtquantifizierbaren Aspekten wird auf Analyse der Wirkungsketten, der Prozeß-ketten und der Kommunikationsstruktur zurückgegriffen.
Ziel der Vorgehensweise ist es, unterschiedliche Nutzenwirkungen auf verschie-denen Ebenen zu ermitteln. Der Nutzen wird hierbei in Effizienznutzen (Aus-schöpfung der Potentiale der IT), Effektivnutzen (Qualitätssteigerung) und persön-licher Nutzen (z. B. mehr Zeit für höherwertige Arbeiten, bessere Arbeitsergono-mie etc.) unterteilt[206].

Bewertung: Es wird bei diesem Verfahren explizit darauf verzichtet, nur quantifi-zierbare Aspekte zu bewerten. Es werden somit auch strategische Aspekte der IT in die Bewertung einbezogen. Das Verfahren ist allerdings mit hohem Zeitaufwand verbunden.

4.2.3.8. Hedonic-Wage-Modell

---

[202] Hoyer, R.: ebenda, S. 129

[203] Hoyer, R.: ebenda, S.130

[204] Vgl. Antweiler, J.:(1995), S. 147

[205] Vgl. auch: Schäfer, G.; Wolfram, G.: (1986), S. 247

[206] Antweiler, J.: (1995), S.146

Das Hedonic-Wage-Modell versucht, die Effizienz- und Effektivitätswirkungen eines IT-Einsatzes monetär zu bewerten[207]. Das Verfahren zielt auf die Ermittlung der Zeiteinsparungen ab, die durch den Einsatz neuer Technologien erzielt werden können. Die Folge von Zeiteinsparungen ist, daß Mitarbeiter von ihren repetitiven Aufgaben entlastet werden und sich höherwertigen Aufgaben zuwenden können. Das Modell versucht, diese Zeitumschichtungen in Verbindung mit dem Wert der unterschiedlichen Aufgaben zu bewerten.

Die Vorgehensweise gliedert sich in folgende Schritten:

"1. Bildung von Stellentypen

2. Erstellung eines Aufgabenprofils für jeden Stellentyp, wobei die Aufgabe nach Wertkategorien unterteilt werden.

3. Zuordnung der Mitarbeiter des Büros zu den festgelegten Stellentypen.

4. Zeitmessungen an den einzelnen Arbeitsplätzen für die dort anfallenden Aufgaben. Dabei sollen auch die Zeiten für unproduktive Aufgaben erfaßt werden. Die Zeitmessung kann durch Selbstaufschreibungen am Arbeitsplatz erfolgen oder durch Verfahren wie der Multimomentaufnahme." [208]

Eine Arbeitsprofilmatrix nimmt die prozentuale Verteilung der Arbeitszeit der verschiedenen Stellentypen auf. Nach Einführung der IT wird eine zweite Arbeitsprofilmatrix erstellt, die einen Vergleich mit der ersten Matrix erlaubt.

---

[207] Vgl. Eipperle, G.: (1991), S. 71 ff

[208] Eipperle, G.: ebenda, S. 72

Stelle Aufgabe	Aufgabenprofil (a$_{ji}$) Manager/ Fachkraft	Sachbe-- arbeiter	Sekretärin	Wert (W$_i$)
Führungsaufgaben	61 %	0	0	120,82 DM
Sachbearbeitung	25	65	0	82,53
Sekretariatsaufgaben	9	25	80	68,75
unproduktive Aufgaben	5	10	20	0,00
Summe	100	100	100	
Effektivlohn (L$_j$)	100,52 DM	70,83	55,00	

Abb. 6: Arbeitsprofilmatrix nach dem Hedonic-Wage-Modell[209]

Die Berechnung erfolgt wie folgt:

"Für jeden Aufgabentyp werden durch einen Vergleich der Matrizen die durch die Bürokommunikation umgeschichteten Stunden pro Jahr ermittelt. Die Zahl der umgeschichteten Stunden wird dann mit dem Wert der jeweiligen Aufgabe multipliziert, woraus sich die gesamte Wertveränderung ergibt"[210].

Bewertung: Das Modell ermöglicht Vergleiche von Verwaltungsdienstleistungen vor und nach dem Einsatz von IT durchzuführen. Die Untersuchung der zeitlichen Aspekte steht dabei im Vordergrund. Die Schwierigkeiten der strategischen Nutzenbewertung der IT werden durch die die monetäre Bewertung der Zeiteinsparungen transparent gemacht. Das Verfahren ist jedoch sehr zeitaufwendig, weil alle Stellen, die mit der IT ausgestattet sind, untersucht werden müssen. Die Gehaltsstruktur der Mitarbeiter, die als Qualitätsindikator für die auszuführende Arbeit eingestuft wird, wirft bei der Bewertung Probleme auf, da z. B. unterschiedliche Gehälter aus unterschiedlichen Altersstrukturen nichts über die Qualität der Aufgaben aussagen[211].

4.2.4. Wettbewerbsorientierte Ansätze

Die gegenwärtigen IT tangieren heute alle wichtigen Abteilungen der Unternehmung. Der Einsatz von IT wird zunehmend zu einem Wettbewerbsfaktor, der für viele Unternehmen überlebenswichtig wird. Nach Meinung Reichwalds verlagert sich "die Argumentation des Wirtschaftlichkeitsurteils beim Einsatz der Informa-

---

[209] Vgl. Eipperle, G.: ebenda, S. 73

[210] Eipperle, G.: ebenda, S. 74

[211] Vgl. Schumannn, M : (1987), S. 705

tions- und Kommunikationstechnik in der Unternehmung verlagert sich (...) zunehmend vom Einsparungsdenken zum Wettbewerbsdenken"[212]. Deshalb ist es für Unternehmen wichtig, nicht nur kostengünstig zu arbeiten. Wichtig ist es, Verwaltungs- und Büroprodukte schnell, zu einer bestimmten Qualität und mit einer bestimmten Flexiblität dem internen und externen Kunden anzubieten, um am Markt weiter bestehen zu können[213]. Die folgenden Verfahren konzentrieren sich nicht ausschließlich auf die Quantifizierungsproblematik der Nutzenwirkungen der IT und Aktivitäten, sondern sind Konzepte zur Untersuchung der strategischen Wettbewerbsfähigkeit.

4.2.4.1. Wertketten

Im Rahmen der strategischen Unternehmensanalyse wird oft das Konzept der Wertkette vorgeschlagen. Es handelt sich um eine konkurrenzorientierte Analyse, die die eigenen erfolgskritischen Leistungen und Aktivitäten im Vergleich zur Konkurrenz, untersucht.

Das von Porter entwickelte Konzept betrachtet die Aktivitäten des Unternehmens unter Leistungs- und Kostengesichtspunkten, die als Quelle strategischer Wettbewerbsvorteile dienen können. Er teilt die Aktivitäten in primäre und unterstützende Aktivitäten ein[214]. Primäre Aktivitäten, die durch sekundäre Aktivitäten unterstützt werden, können bspw. die Produktion, die Eingangslogistik, das Marketing und der Vertrieb sein. Die Wertkette wird in visueller Form abgebildet, wobei den einzelnen Aktivitäten bzw. den Prozessen die Gewinnspanne gegenübergestellt wird. Bei den primären Aktivitäten handelt es sich um wertschöpfende Aktivitäten. Die sekundären Aktivitäten halten " die primären Aktivitäten und sich selbst gegenseitig dadurch aufrecht, daß sie für den Kauf von Inputs, Technologie, menschlichen Ressourcen und von verschiedenen Funktionen fürs ganze Unternehmen sorgen"[215]. Eine entscheidende Einflußgröße wird somit u.a. der IT zugesprochen, die als Ermöglicher für verbesserte Koordination der Aktivitäten, für neue Möglichkeiten der Arbeitsteilung und Aufgabenerfüllung und für neue Strukturen eingestuft wird[216].

---

[212] Reichwald, R.: (1990), S. 85

[213] Vgl. Mollenhauer, M.; Ring, T.: (1990), S. 119

[214] Vgl. Porter, M. E.: (1992), S. 62

[215] Porter, M. E.: ebenda, S. 65

[216] Vgl. Reichwald, R.: (1990), S. 68

Bewertung:

Porter entwickelte mit seinem Konzept eine qualitative, graphische Heuristik, in der die Dominanz der aktivitätsbezogenen Ablauforganisation für strategische Aspekte des Unternehmens in den Vordergrund gestellt wird. Er konzentriert sich nicht nur auf die Prozesse im Unternehmen, "sondern auch auf alle der betrieblichen Wertschöpfung vor- und nachgelagerten Stufen der Leistungserstellung"[217]. "Kostenwirtschaftlich bietet die Wertkettenanalyse die Möglichkeit, durch eine entsprechende Aktivitäts- und Kostenzuordnung zusätzlich zur sequentiellen Kostenanalyse die Kostenstrukturen verknüpfter Aktivitäten zu analysieren"[218]. Gelingt es dem Unternehmen für seine Wettbewerber ähnlich Wertketten aufzustellen, so lassen sich Vergleiche bzgl. der Kosten- und Prozeßstruktur schaffen.

Der Wertkettenansatz stellt einen Versuch dar, die - wie in den vorigen Abschnitten dargestellt - schwer ermittelbaren strategischen Wirkungen von Informationstechnologien zu analysieren und mit den relevanten wertschöpfenden Tätigkeiten des Unternehmens in ein Gesamtkontext zu bringen. Die strategische Bedeutung der IT kommt im Wertkettenansatz von Porter, im Vergleich zu den anderen Ansätzen, am deutlichsten zum Ausdruck. Denn die technologische Führerschaft erlaubt es Unternehmen, Abnehemerbindungen aufzubauen, Standards zu definieren, Vertriebskanäle zu besetzen und durch die Ausnutzung von Lernkurveneffekten dauerhafte Kosten- und Differenzierungsvorteile zu erzielen[219]. Die technologische Führerschaft läßt sich durchaus auch auf den Verwaltungsbereich durch den Einsatz von WMS, übertragen. Was bei Porter fehlt ist, daß keine konzeptionellen Methoden und keine konkrete Vorgehensweise für die Messung der strategischen Nutzenwirkungen angeboten werden.

4.2.4.2. Erfolgsfaktoren

An eine ähnlichen Vorgehensweise wie der Wertkettenansatz knüpft das Konzept der kritischen Erfolgsfaktoren (KEF) an. Der Unternehmenserfolg unterliegt den verschiedensten Faktoren, die sich wechselseitig beeinflussen. Wichtig ist es deshalb, die strategisch relevanten Aktivitäten, die sogenannten Erfolgsfaktoren, zu ermitteln, die wesentlich zu dem Unternehmenserfolg beitragen[220]. Die KEF eines Reisebüros können z. B. die Angebotsbreite, die Kundenbindung, die Auskunfts-

---

[217] Kirn, S.: (1995), S. 103

[218] Fröhling, O.: (1994), S. 108

[219] Vgl. Porter, M.E.: (1990), S. 246-249

[220] Vgl. Achtenhagen, F., u.a. (Hrsg.):(1993), S. 163-164

geschwindigkeit, der Anschluß an das Reservations- und Buchungssystem sein[221].

Ein einheitliches Vorgehen bei der Ermittlung der KEF ist nicht vorhanden, da durch die unterschiedlichen Begriffsdefinitionen verschiedene Inhalte und Ziele verfolgt werden[222]. Mende entwickelte allerdings ein Verfahren zur Ermittlung der kritischen Erfolgsfaktoren, welches sich als einheitliches Konzept durch Ausführlichkeit und Strukturiertheit eignet[223].

Welche Alternativen von IT für ein Unternehmen strategisch wichtig sein können, läßt sich anhand verbesserte Unterstützung der kritischen Erfolgsfaktoren ermitteln.

Bewertung: Das Konzept der kritischen Erfolgsfaktoren, kann als strategisches Auswahlkonzept für bestimmte IT interpretiert werden. Denn durch die geeignete Auswahl lassen sich Prozesse im Unternehmen eventuell kostengünstiger, schneller und qualitativ besser abwickeln. Eine konkrete Quantifizierung der Nutzenaspekte wird mit dem Verfahren nicht ermöglicht, jedoch werden die qualitativen, langfristigen Nutzungspotentiale der IT in den Vordergrund gestellt. Ähnlich wie bei dem Wertkettenansatz müssen die eigenen Potentiale mit dem der Konkurrenten vergleichbar gemacht werden.

4.2.4.3. Benchmarking

Um den Ist-Zustand eines Unternehmens im Vergleich zu anderen zu bewerten, eignet sich das Benchmarking. Die Idee des Benchmarking ist es, Prozeßabläufe, -strukturen und -ergebnisse verschiedener Unternehmen mit einander zu vergleichen.

Benchmarking ist "ein Managementwerkzeug zur Bestimmung und Abgrenzung von organisationalen Veränderungen. Es ist das kontinuierliche Bewerten von eigenen Unternehmensobjekten durch den Vergleich mit 'Klassenbesten' oder mit quantifizierbaren Standards. Benchmarking zielt auf die Sicherung oder das Zurückgewinnen der eigenen Wettbewerbfähigkeit eines Unternehmens."[224].

Das Benchmarking wird in ein internes und ein wettbewerbsorientiertes unterteilt. Beim internen Benchmarking werden ähnliche Abläufe in unterschiedlichen Berei-

---

[221] Vgl. .Mende, M.: (1995), S. 38

[222] Vgl. .Mende, M.: ebenda, S. 41-45

[223] Vgl. .Mende, M.: ebenda, S. 55

[224] Heib, R.: (1995), S. 315

chen des gleichen Unternehmens miteinander verglichen[225]. Ermittelt werden können dabei die Kosten, die Durchlaufzeit und die Qualität von bestimmten Prozeßleistungen. Dabei kann es sich z.b. um die Bewertung der Prozeßabläufe von unterschiedlichen Kundenaufträgen handeln. Ziel des internen Benchmarking ist es, aus dem eigenen Unternehmen zu lernen, um Unterschiede in der Leistungsfähigkeit der Unternehmensbereiche zu beseitigen.

Beim wettbewerbsorientierten Benchmarking werden die eigenen Prozeßleistungen mit denen der Konkurrenten verglichen. Probleme ergeben sich hierbei durch Informationsdefizite über die Konkurrenten. So sind bestimmte Unternehmen nicht bereit, Informationen über ihre Prozeßabläufe und die im Unternehmen eingesetzte IT offenzulegen[226]. Denn diese Informationen bieten vielen Unternehmen einen strategischen Wettbewerbsvorteil.

Da Unternehmen unterschiedlichen Einflußfaktoren unterliegen, ist es wichtig, eine adäquate Vergleichsbasis zu finden. Eine Nichtvergleichbarkeit kann sich z.B. durch Unterschiede in den Betriebsinhalten (HiFi-Hersteller<->Textilhersteller), im Leistungsumfang, in den Markt- und Kostenbedingungen ergeben [227].

Bewertung:

Aufgrund der Unterschiedlichkeit der Informationen sowohl in der Häufigkeit als auch in der Art müssen die gewonnenen Daten so aufbereitet werden, daß sie zu Vergleichszwecken dienen können. Beim internen Benchmarking ist dies unkompliziert, da ähnliche oder gleiche Instrumente und Verfahren zur Auswertung der Unternehmensinformationen verwendet werden können. Herangezogen werden dabei die Kosten-Nutzen-Analyse, die Nutzwertanalyse und andere in dieser Arbeit vorgestellten Ansätze. Die externe Betrachtung verlangt jedoch häufig Schätzungen, "was zu weniger präzisen Aussagen führt, die jedoch häufig genau genug sind, um als Orientierungspunkt zu dienen"[228]. Beim Benchmarking geht es "analog dem Target Costing darum, externe, wettbewerbsbezogene Zielvorgaben für bestimmte Leistungs- oder Kostenrelationen zu ermitteln, die dann die Grundlage für eigene Verbesserungen über entsprechende Maßnahmenprogramme bilden"[229]. Das Benchmarking kann für bestimmte Prozesse neue Führungsgrößen entdecken, die sich in anderen Unternehmen bewährt haben[230], so daß das Ben-

---

[225] Vgl.: Watson, G.H.: (1993), S. 111

[226] Vgl. Kühne, A.: (1995), S. 41

[227] Vgl. Karlöf, B.: (1993), S. 166-170

[228] Vgl. Kühne A.: (1995), S. 42

[229] Fröhling, O.: (1994), S. 130

[230] Vgl. Österle, H.: (1995), S. 165

chmarking unterstützende Lösungen zu allen Bestandteilen eines Prozesses liefern kann.

4.2.5. Beschreibungsorientierte Ansätze

4.2.5.1. Portfolioansatz

Das Portfoliokonzept ist von der Boston Consulting Group für den Marketingbereich entwickelt worden[231]. Das Ziel des Portfoliokonzeptes ist es, "Ressourcen des Unternehmens in ihrer strategischen Bedeutung zu analysieren und darauf aufbauend Strategien zu ihrer weiteren Lenkung bzw. Steuerung zu entwickeln"[232]. Dabei kann das Konzept sowohl quantitative als auch qualitative Wirkungen abbilden.

In einem Ist-Portfolio kann das vorhandene Ist-System und dessen Wirkungen visualisiert werden. Für die strategische Ausrichtung wird ein Soll-Portfolio entwickelt, um zu veranschaulichen, wie das Leistungspotential gegen Konkurrenten in Zukunft anzusetzen ist. Zur Veranschaulichung können sogenannte Technologie-/Bürosystem- und Prozeß-Portfolios gebildet werden.

Das Technologie-Portfolio versucht, "die in einem Produkt steckenden bzw. im Unternehmen angewandten Technologien in einer zweidimensionalen Matrix abzubilden und aus den sich ergebenden Konstellationen differenzierte Strategien für zukünftige Entwicklungstätigkeiten abzuleiten"[233]. Dieses Portfolio kann nach folgenden Schritten gebildet werden[234]:

Der erste Schritt beinhaltet die Identifikation der wichtigsten Wettbewerber und ihrer Marktanteile. Im zweiten Schritt werden die strategischen Wettbewerbspositionen der einzelnen IT-Komponenten nach Funktionsabteilungen zerlegt. Diesen werden im dritten Schritt, Skalenwerte zugeordnet, die ordinale Werte annehmen können, wie ein Punkt für: Mitbewerber hat schlechtere Komponenten etc. Die Werte werden in einer Matrix eingetragen. Im vierten Schritt werden die relevanten Wettbewerbfaktoren ermittelt, wie technischer Vorsprung, Preis/Leistung, Qualität, Marktbearbeitung etc. Die strategischen Wettbewerbfaktoren werden anschließend in einer sogenannten strategischen Schlagkraftmatrix mit den ent-

---

[231] **Nieschlag, R.; u.a.: (1988), S. 875**

[232] **Weber, J.: (1990), S. 155**

[233] **Pfeiffer, W.G., u.a.: (1983), S. 78**

[234] **Vgl. Heinrich, L.: (1992), S.309-314**

sprechenden Gewichtungen eingetragen. Im fünften Schritt werden die einzelnen Komponenten, je nach Abteilung, nach ihrem relativen Beitrag zur positiven Beeinflussung der Wettbewerbsstruktur bewertet. Die Ermittlung der strategischen Schlagkraft der Komponenten im Idealzustand wird im sechsten Schritt ermittelt. Als letzter Schritt werden ein Ist-Portfolio und ein Ideal-Portfolio erstellt.

Oft werden zur Bewertung von IT die Einflußgrößen Wirtschaftlichkeit und Strategie als Achsenbezeichnungen für die Portfolios gewählt[235]. Die Faktoren der Wirtschaftlichkeit sind nach Nagel gekennzeichnet durch: Kosteneinsparungen, Produktivitätsverbesserung, von der Anwendung Betroffene, Häufigkeit der Anwendung, Return on Investment und technische Bedeutung für andere Anwendungen[236]. Als Strategiefaktoren führt Nagel folgende Punkte an: Unterstützung der Erfolgsfaktoren, Verbesserung der zukünftigen Wettbewerbsfähigkeit, Realisierungschance, innovativer Ansatz , Orientierung der strategischen Anwendung[237].

Zur Entwicklung eines Bürosystem-Portfolios wird neben den reinen wirtschaftlichen und strategischen Beurteilungskriterien, die Entwicklung eines Personal-Portfolios (Dimensionen: Qualifikation, Motivation und Akzeptanz) und eines Organisations-Portfolios (Dimension: Organisationskultur, -klima und -struktur) gefordert, die zusammen das sogenannte Sozial-Portfolio mit den Dimensionen Personal und Organisation bilden[238]. Das Bürosystem-Portfolio bildet sich aus dem Ökonomie- und Sozial-Portfolio, und hat die Dimensionen soziale Priorität und ökonomische Priorität. Offen gelassen wird jedoch, wie sich die einzelnen Dimensionen der Portfolios wie z.B. Organisationsstruktur, Organisationskultur etc. in das Portfolio tranformieren lassen[239].

Fröhling entwickelte ähnlich wie oben ein Prozeß-Marktwachstum-Portfolio, welches die wichtigen internen Unternehmensprozesse abbilden soll. Sein Vorgehen gliedert sich in drei Schritten:

"Zunächst die Typologisierung interner Leistungen zum Zwecke der Abgrenzung der betrachteten Aktivitäten, dann

- die Erarbeitung strategischer Untersuchungskriterien, d. h. die Definition geeigneter Portfolio-Dimensionen und schließlich
- die kostenmäßige Bewertung der Aktivitäten"[240]

---

[235] Vgl. Nagel, K.: (1990), S. 219 ff

[236] Vgl. Nagel, K.: ebenda, S. 219

[237] Vgl. Nagel, K.: ebenda, S. 219

[238] Vgl. Achtenhagen, J.; u.a.:(1993), S. 166-167

[239] Vgl. Achterhagen, J.; u.a. : ebenda, S. 166-167

[240] Fröhling, O.: (1994), S. 237

Als Ergebnis des Prozeß-Portfolios ergeben sich die Matrixdimensionen externer Prozeßvorteil und internes Marktwachstum. Die Dimension externer Prozeßvorteil kennzeichnet "die Fähigkeit einer Aktivität, entweder primär der Unterstützung des operativen Leistungsprozesses zu dienen, ohne jedoch einen wahrnehmbaren (und wahrgenommenen) strategischen Nutzen zu stiften und/oder erheblich zur Ausschöpfung gegenwärtiger und zum Aufbau zukünftiger Erfolgspotentiale bei-zutragen"[241]. Das interne Marktwachstum "soll den Grad zum Ausdruck bringen, mit dem eine bestimmte Leistung intern nachgefragt wird"[242]. Aufgrund der Pro-blematik, die Aktivitäten mit Marktpreisen zu bewerten, verzichtet Fröhling auf die-se. Er schlägt statt dessen vor, mit Hilfe der Prozeßkosten, die in der Prozeßko-stenrechnung ermittelt werden, die Aktivitäten zu bewerten[243].

Bewertung: Die übersichtliche visuelle Darstellungsform des Portfolios erlaubt es, verschiedene Dimensionen und Wirkungen der IT miteinander in Verbindung zu setzen und entsprechende Strategien abzuleiten. Schwierigkeiten ergeben sich bei der Quantifizierung der strategischen Wirkungen, welche auch das Portfolio-Konzept nicht löst. Deshalb werden zur Ermittlung der qualitativen Wirkungen Scorring-Verfahren, Nutzwertanalysen und Kosten-Nutzen-Analysen eingesetzt. Die ermittelten ordinalen Werte der Erfolgsfaktoren werden wie bei allen anderen Verfahren subjektiv bewertet. Die Marktabgrenzung und die Identifikation der wichtigsten Wettbewerber erfordert einen hohen Kosten- und Zeitaufwand. Bei der Bestimmung der relativen Wettbewerbsstärke konzentriert man sich nur auf den stärksten Wettbewerber. Vernachlässigt werden kleine, aggressive Wettbewerber, die mit neuen Innovationen auf den Markt drängen[244]. Da Unternehmen unter-schiedlichen Wettbewerbssituationen unterliegen, kann die Ableitung von vorge-gebenen Normstrategien in Frage gestellt werden.

4.2.5.2. Kennzahlen

Kennzahlen sind Größen, die in komprimierter Form quantitativ und qualitativ er-faßbare Sachverhalte beschreiben. Die Darstellung kann in Verhältniszahlen und/oder in absoluten Zahlen erfolgen. Dabei sollten die Kennzahlen so aufberei-tet sein, daß sie entscheidungsrelevante Informationen beinhalten. Die Erklärun-gen der Kennzahlen bezieht sich auf ihren deskriptiven Charakter. "Das heißt sie

---

[241] **Fröhling,, O.: ebenda, S. 238**

[242] **Fröhling, O.: ebenda, S. 239**

[243] **Vgl. Fröhling, O.: ebenda, S. 240**

[244] **Nieschlag, R.; u.a.: (1988), S. 883**

stellen Informationen für konkrete Entscheidungssituationen, die als Vorgabewerte bzw. Richtwerte für untergeordnete Instanzen dienen."[245] Einzelne Kennzahlen sagen jedoch wenig über einen bestimmten Sachverhalt aus. Deshalb werden Kennzahlen in Kennzahlensysteme komprimiert. Die Kennzahlensysteme stellen ein "(...) hierarchisch aufgebautes Beziehungsgefüge ausgewählter Kennzahlen dar"[246]. Die Kennzahlen sollten dabei in einer sachlichen Beziehung zueinander stehen und ein übergeordnetes Ziel erklären[247]." Permanent installierte Kennzahlensysteme ermöglichen auch frühzeitig die Tendenzen der Unternehmensentwicklung aufgrund von Managmententscheidungen, Markt- und Strukturveränderungen, technologischen Neuerungen (...) aufzuzeigen, und unterstützen dadurch rechtzeitige Reaktionen des Unternehmens" [248].

Zu den bekannten finanzorientierten Kennzahlensystemen gehört das "Du Pont-System of Financial Control"[249]. Die finanzorientierten Kennzahlensysteme schließen jedoch nichtfinanzielle Größen aus. Die Verwendung des Du Pont-Kennzahlensystems genügt den heutigen Anforderungen moderner Controllinginstrumente, insbesondere zur Beschreibung von IT-Wirkungen, nicht. Es sind neben den quantifizierbaren Kennzahlen auch schwer quantifizierbare Aspekte in Form von Kennzahlen zu bilden. Dazu gehören vor allem prozeßbezogene Kennzahlen, die unter den Kriterien Zeit, Qualität, Kosten und Flexibilität entwickelt werden müssen. Auch Scholz sieht eine zunehmende Forderung zur Einführung prozeßorientierter Kennzahlen, die zur Messung der Prozeßleistungen der Unternehmen dienen sollen[250]. Prozeßorientierte Kennzahlensysteme ermöglichen sowohl die Darstellung der Prozeßleistungen der kritischen Erfolgsfaktoren als auch die operativen und strategischen Wirkungen der IT selbst.

Mende entwickelte eine konkrete Vorgehensweise, zum Aufbau eines Prozeßkennzahlensystems[251]. Im Anhang dieser Arbeit sind ausgesuchte Kennzahlen zu Prozeßleistungen, die Mende für die Konzeption seines entwickelten Führungssystems für Geschäftsprozesse verwendet hat.

Bewertung: Mit dem Kennzahlenmodell läßt sich grundsätzlich das Quantifizierungsproblem der Nutzenwirkungen nicht lösen. Jedoch können durch die Bildung von "qualitativen" Kennzahlen die strategischen Aspekte der IT gemessen wer-

---

[245] Vgl. Reichmann, T.: (1990), S. 16

[246] Szyperski, N., Winnand, U.:(1980), S. 150

[247] Vgl. Reichmann T.; u.a.: (1977), S. 45

[248] Aichele, C.: (1995), S. 124

[249]Vgl. Horvath, P.: (1994), S. 556f

[250] Vgl. Scholz, R.; Vrohlings, A.: (1994), S. 58 ff

[251] Vgl. Mende, M.: (1995), S. 118-124

den. Kritisch anzumerken ist, daß bei der Bildung von Kennzahlensystemen nur das vorgegebene Oberziel betrachtet wird. Andere Ziele des Unternehmens werden vernachlässigt. Weiterhin lassen sich aus der Darstellung der Kennzahlen, nur begrenzt Strategien für die Verbesserung der Kernprozesse im Unternehmen ableiten. Die Implementierung des Prozeßkennzahlensystems kann erhebliche Kosten und erheblichen Zeitaufwand verursachen[252], da eine umfangreiche Datenanalyse durchgeführt werden muß.

4.2.5.3. Argumentenbilanz und Wirkungsketten

Das von Wildemann[253] entwickelte Konzept der Argumentenbilanz diente ursprünglich dem Ziel, Flexible Fertigungssysteme (FFS) zu bewerten und daraus Entscheidungen abzuleiten. In Form einer Bilanz werden die positiven und negativen Kosten-Nutzenaspekte von neuen Technologien aufgelistet und einander gegenübergestellt. Die einzelnen Aspekte werden mit Faktoren gewichtet. Mit der Bildung von Teilbilanzen lassen sich die verschiedenen Aspekte besser systematisien, was der Übersichtlichkeit dient.

Wirkungsketten versuchen, quantitative und qualitative Kosten- und Nutzeneffekte zu beschreiben[254]. Hierbei werden direkte und indirekte Wirkungen von IT transparent dargestellt. Durch die Strukturierung lassen sich Ursache-Wirkungszusammenhänge für bestimmte Aspekte besser veranschaulichen. Unter Hinzuziehung von quantitativen/monetären Größen verliert das Verfahren, seinen Charakter als reines Beschreibungsinstrument und läßt sich nach Meinung Antweilers, in dessen Einteilung, zu den umfassenden Wirtschaftlichkeitsanalysen einordnen[255].

Kritik:

Die beiden Methoden sind sehr aufwendig und zeitintensiv. Jedoch gibt die Argumentenbilanz die Möglichkeit schwer quantifizierbare Aspekte bei der Alternativenauswahl zu berücksichtigen. Die Wirkungsketten können durch ihre Übersichtlichkeit Schwachstellen im Unternehmen aufspüren beseitigen.

Das Konzept der Wirkungsketten muß periodisch neu angewandt werden, um neue Nutzenwirkungen aufzunehmen.

---

[252] Vgl. Mende, M.: ebenda, S. 123

[253] Vgl. Wildemann, H.: (1986), S. 31 ff

[254] Vgl. Antweiler, J.: (1995), S. 127

[255] Vgl. Schumann, M.: (1993), S. 174

4.2.6. Ebenenorientierte Ansätze

Die ebenenorientierten Ansätze haben sich aus der Kritik an den herkömmlichen betriebswirtschaftlichen Controllinginstrumenten zur Bewertung von IT entwickelt. Weil bestimmte IT nicht nur Nutzenwirkungen auf einzelne Arbeitsplätze hervor- rufen, sondern auch abteilungs- und unternehmensübergreifende Nutzenwirkun- gen, sind sogenannte Mehrebenenansätze entwickelt worden. Die Auswahl der Mehrebenenansätze ist in der Literatur vielfältig. Antweiler gibt eine Übersicht der von verschiedenen Autoren entwickelten Ansätze wieder.

Ebene	Bodem	Bodem / Haucker / Zangl	Mertens	Niemeier
1	Arbeitsplatz	Isoliert	Individualebene	Bereichsisoliert
2	Arbeitsfeld	Subsystembe- zogen	Mikroebene	Bereichsintegriert
3	Gesamtorgani- satorisch	Gesamtorgani- satorisch	Makroebene	Bereichsüber- greifend
4	Organisation- übergreifend	Gesellschaftlich	Globalebene	Unternehmensweit
Ebene	Picot/Reichwald	Rall	Schumann	Zangl
1	Isoliert	Objektbezogen	Arbeitsplatz	Isoliert
2	Bereichsbezogen	Subsystem- bezogen	Organisations- einheit	Integriert
3	Unternehmen	Unternehmens- bezogen	Unternehmen	Organisatorisch
4	Umwelt	Gesellschaftlich	Unternehmens- übergreifend	Überorganisatorisch

Abb. 7: Mehrebenenansätze [256]

Bei allen Ansätzen wird von der kleinsten organisatorischen Einheit ausgegangen. In der zweiten Ebene werden mindestens zwei organisatorische Einheiten be- trachtet (z. B. zwei vernetzte Computer). In der dritten Ebene "wird entweder ein großer Teilbereich des Unternehmens oder das gesamte Unternehmen als Be- trachtungsgegenstand genannt"[257]. Unternehmensübergreifende Nutzenwirkun- gen werden auf der vierten Ebene erfaßt[258].

Auf das vierstufige Wirtschaftlichkeitsmodell von Picot/Reichwald soll näher ein- gegangen werden. Grundgedanke ist: "So wie die Kommunikation im Unterneh-

---

[256] Vgl. Antweiler, J.: (1995), S. 152

[257] Antweiler, J.: ebenda, S. 151

[258] Vgl. Antweiler, J.: ebenda, S. 151

men kein Selbstzweck, sondern Mittel zum Zweck der Erreichung der Unternehmensziele ist, so ist auch die unterstützende Technik nicht isoliert zu beurteilen"[259]. Die Kernaussage des Modells ist, daß die Erträge und die Kosten der Bürokommunikation nicht ausschließlich am Arbeitsplatz und Arbeitsverbund, sondern darüber hinaus bewertet werden. Das heißt, daß auch Auswirkungen außerhalb der Organisation bei der Bewertung mitberücksichtigt werden müssen. Ausgangspunkt des Bewertungsverfahren sind nach Picot/Reichwald die situativen Faktoren, die die jeweilige Anfangssituation in ihrem Änderungsbedarfs beschreiben. Es können sich beim Einsatz von IT Rationalisierungseffekte auf vier Ebenen ergeben: auf der Arbeitsplatzebene, der Kooperationsebene, in der Gesamtorganisation und auf der organisationsübergreifenden Ebene (vgl. oben). Die Auswirkungen lassen sich qualitativ, quantitativ , und monetär oder nicht- monetäre Größen ausdrücken.

Indikatoren Kurzbeschreibung der Wirtschaftlichkeitsstufen	Kosten	Leistung
(W1) isolierte technikbezogene Wirtschaftlichkeit: hierunter werden sämtliche Indikatoren subsumiert, die unmittelbar der Kommunkationstechnik (Kanal einschließlich Endgerät) zuzurechnen sind	Personal- und Sachkosten, insbesondere Anlagekosten und anfallende Gebühren	Menge, Schnelligkeit, Qualität und Zuverlässigkeit der Informationsübertragung
(W2) Subsystembezogene Wirtschaftlichkeit: die vom Einsatzkonzept (zum Beispiel dezentral) und anderen situativen Bedingungen abhängigen Kosten- und Leistungsgrößen werden im Hinblick auf subsystembezogene Verfahrensabläufe erfaßt	interne Transportkosten, Überwälzungskosten, Opportunitätskosten	Gesamtdurchlaufzeiten, Beschleunigung und qualitative Verbesserung von Verfahrensabläufen, Tätigkeitsverschiebungen zwischen den Betroffenen
(W3) gesamtorganisatorische Wirtschaftlichkeit: Berücksichtigung der relevanten Kriterien; Aufgabenbewältigung, Flexibilität; Humanbereich bezüglich der langfristigen Funktiontüchtigkeit der Organisation	Kosten zur Aufrechterhaltung der Anpassungsfähigkeit und Funktionsstabilität, kostenrelevante Humanaspekte	Verbesserung der Anpassungsfähigkeit und der Funktionsstabilität der Organisation, Verbesserung der Humansituation
(W4) gesellschaftliche Wirtschaftlichkeit: potentielle (langfristige) Auswirkungen auf die organisatorische Umwelt	negative Auswirkungen bezüglich Arbeitsmarkt, Gesundheits- und Sozialsystem, Ökologie , nationale und internationale Konkurrenzbedingungen, Kommunikationspartner anderer Organisationen	positive Auswirkungen

Abb. 8: Vierstufiges Wirtschaftlichkeitsmodell (Grobdarstellung der Indikatoren nach Picot/Reichwald [260])

---

[259] Reichwald, R.: (1990), S. 82

[260]Vgl. Picot, A.; Reichwald, R.: (1987), S. 107

Bewertung: Das Konzept kann als innovativ und für die Zukunft als weichenstellendes Instrumentarium bewertet werden. Durch die Einbeziehung nicht nur der arbeitsplatzbezogenen Wirtschaftlichkeit, sondern auch der Stellen- abteilungs- und organisationsübergreifenden Wirtschaftlichkeit eignet sich das Modell besonders gut zur Bewertung der Nutzenwirkungen von IT. Es wird angestrebt, alle Kosten und alle quantitativen und qualitativen Nutzenwirkungen, die die IT hervorrufen, zu messen. In diesem Fall kann also von einer umfassenden Wirtschaftlichkeitsbetrachtung ausgegangen werden. Eine isolierte Wirtschaftlichkeitsuntersuchung wie bei den Investitionsrechnungen entfällt.

Kritisch anzumerken ist, daß "keinerlei Bewertungsschemata mitgeliefert werden, die eine Aggregation der unterschiedlichen Input- und Outputgrößen auf den verschiedenen Ebenen zu einer ganzheitlichen Wirtschaftlichkeitsaussage erlauben[261]". Die Anwendung der Mehrebenenansätze ist mit hohem Kosten- und Zeitaufwand verbunden. Deshalb sollte eine subjektive Eingrenzung des Untersuchungsfeldes erfolgen. Dies kann jedoch dazu führen, das verfälschte Ergebnisse ermittelt werden.

Die in dieser Arbeit vorgestellten Verfahren finden sich z.B. in den Mehrebenenansätze von Schumann und Niemeier wieder[262]:

Ebene	Niemeier	Schumann
1	Investitionsrechenverfahren	Kosten-Nutzen-Analysen
2	Nutzwertanalyse, Scorring-Modelle, Kosten-Nutzen-Analysen	FAOR-Methode, Wirkungsketten und weitere Verfahren
3	Arbeitssystemwertentwicklung, Wertanalyse	Wirkungsketten und weitere Verfahren
4	FAOR-Methode, Verfahren zur Wettbewerbsanalyse	Wirkungsketten und weitere Verfahren

Abb. 9: Zuordnung von Verfahren zur Wirtschaftlichkeitsanalyse auf verschiedenen Ebenen[263]

Antweiler faßt kritisch zusammen: "Aus dem gleichzeitigen Einsatz mehrerer Verfahren für unterschiedliche Ebenen kann der Nachteil resultieren, daß sich die unterschiedlichen Mängel der Verfahren ggf. kumulieren und somit am Ende ein völlig falsches Bild der Wirtschaftlichkeit entsteht"[264]. Auch lassen die Autoren

---

[261] Kredel, L.: (1988), S. 193

[262] Niemeier, J.: (1988), S.20 ff oder Schumann, M.,: (1992), S. 178 ff

[263]Vgl. Antweiler, J.: (1995), S. 152

[264] Antweiler, J. :ebenda, S. 152

überwiegend offen, wie die Wirkungen der einzelnen Ebenen ermittelt werden[265]. Betont wird auch, daß mit Hilfe der Mehrebenenansätze keine objektiven Bewertungsmaßstäbe geliefert werden, sondern im überwiegenden auf subjektive Einschätzungen beruhen[266].

4.2.7. Kommunikationsorientierte Ansätze

Unter einer computergestützten Kommunikationsanalyse soll "eine Methode verstanden werden, die unter Ausnutzung mikroelektronischer Unterstützungstechniken die aufgaben- und/oder ablauforientierte Analyse einer Organisation unter besonderer Berücksichtigung von Kommunikationsinhalten, -formen, -funktionen, -beziehungen und -kanälen ermöglicht und den Planungs- und Implementierungsprozeß von Informations- und Kommunikationstechniken in einer soziotechnischen Organisation (...) unterstützt"[267]. Die zu ermittelnden Informationen "sollen nicht so sehr auf ihren sinnhaften Inhalt untersucht werden, vielmehr soll weitgehend wertfrei der Bedarf einer wirtschaftlichen Technikunterstützung ermittelt werden"[268]. Die Verfahren lassen sich lt. Steinle in ihrer Vorgehensweise und nach bestimmten Faktoren wie folgt klassifizieren[269]:

- nach ihrer strategischen Orientierung
- nach Struktur- und prozeßbezogenen Faktoren und
- nach instrumentellen Faktoren

Die strategische Orientierung soll die Frage prüfen, ob das Instrument eine Simulationskomponente enthält, die die ausgewerteten Daten auch in strategischer Hinsicht nutzen kann, so daß dem "dynamischen Charakter der Kommunikation Rechnung getragen werden"[270]kann. Die struktur- und prozeßbezogenen Faktoren der Verfahren sollen die Fragen "der Methodensteuerungsmechanismen sowie der von der Methode unterstützten Phasen des Einführungsprozesses moderner Bürokommunikationstechniken"[271] beantworten. Die instrumentellen Faktoren

[265] Vgl. Antweiler, J.: ebenda, S. 152

[266] Vgl. Antweiler, J.: ebenda S. 153

[267] Steinle, C.: (1989), S. 70

[268] Lutz, K.: (1988), S.152- 153

[269] Steinle, C. :(1989), S.92

[270] Steinle, C.: ebenda S. 92

[271] Steinle, C.: ebenda, S. 105

sollen die Frage der "aufbau- und ablauforganisatorischer Darstellungstechniken, die innerhalb einer Methode unterstützt werden"[272], klären. Einen ausführlicher Vergleich der verschiedenen Methoden anhand der unteranderem aufgezeigten Faktoren führt Steinle durch. In den folgenden Abschnitten werden drei als wichtig erachtete Analyseverfahren herausgestellt.

4.2.7.1. KSA

Die Kommunikationsstrukturanalyse (KSA) soll "dem Organisator ein Hilfsmittel an die Hand (...) geben, welches ihn durch ein einheitliches und durchgängiges Konzept bei der strukturierten Analyse und Gestaltung des Bürobereiches unterstützt"[273]. Ziel ist es, die Vorgangsbearbeitung /Durchlaufzeiten, den Informationsfluß, die Informationshaltung, das Mengengerüst und die Entscheidungshierarchie zu optimieren[274]. Letztlich zielt die KSA auf die Erarbeitung von Vorschlägen, wie die innerbetrieblichen Informations- und Kommunikationsbeziehungen verbessert werden können. Die KSA setzt sich aus den Stufen[275]

- der prozeßorientierten Ist-Aufnahme des Unternehmens,
- der rechnerinternen Abbildung der Daten in einer Datenbank,
- der strukturierten Analyse der erfaßten Daten (statistische Auswertung, Zeitbe
  rechnungen, grafische Darstellung der Struktur der Kommunikationsbeziehun
  gen) und der
- Simulation (What-if-Analysen) zusammen.

Bei der Analyse des Verwaltungsbereichs orientiert sich die KSA an den vier Elementen Aufgabe, Information, Informationsfluß und Stelle[276].
Das KSA Konzept wird von Kredel als hilfreiches Unterstützungswerkzeug beurteilt, weil durch die vielfältigen Auswertungsmöglichkeiten, "insbesondere die computergestützte Modellierung alternativer Gestaltungsmaßnahmen unter Berechnung der neuen Bearbeitungs- bzw. Durchlaufzeiten, zusammen mit den vielfältigen grafischen Ausgabemöglichkeiten (...)"[277] ermöglicht wird. Nachteilig ist

---

[272] Steinle, C.: ebenda, S. 93

[273] Vgl. Pietsch, T.; Hoyer, R.: (1988), S. 12

[274] Vgl. Hoyer; Kölzer, G.: (1986), S. 25 ff

[275] Vgl. Pietsch, T., Hoyer, R., u.a.:(1988), S.13

[276] Vgl. Krallmann, H.: (1994), S. 242

[277] Kredel, L.: (1988),S. 159

die fehlende methodische Unterstützung bei der Entwicklung von Sollkonzepten, so daß dem Organisationsmodellierer der "kreative" Prozeß der Sollkonzeption nicht erspart bleibt[278].

4.2.7.2. MOSAIK

MOSAIK steht für Modulares organisationsbezogenes System zur Analyse und Implementierung von Kommunikationstechnik[279]. "Der Schwerpunkt von MOSAIK liegt (...) auf der Methodenseite, wobei (...) besonders Gewicht auf die Interpendenzen im Untersuchungsfeld gelegt wird"[280]. Die Zielsetzungen ähneln denen der KSA- Methode. Ziele wie die Transparenz der Kommunikation, die Analyse und Gestaltung des Informations- und Kommunikationsbedarfs an den Arbeitsplätzen und die Messung der Durchlaufzeiten werden von Pape angeführt[281]. MOSAIK setzt sich aus den Modulen Einstieg, Kommunikationsuntersuchung, Prozeßuntersuchung (Entscheidungsmodul) und Implementierung zusammen[282]. Die einzelnen Module beinhalten folgende Aspekte[283]:

Im Einstiegsmodul werden Projektziele definiert, finden Workshops, Interviews und Informationsveranstaltungen für die oberste Managementebene statt. Bei der Kommunikationsuntersuchung werden eine Vollerhebung in den Aktionsfeldern (Kommunikationsstruktur, Arbeitsmittel, Schwachstellenermittlung) und Workshops mit Mitarbeitern durchgeführt sowie Maßnahmenvorschläge erarbeitet. Die Prozeßuntersuchung (Entscheidungsmodul) wird mit Hilfe von PC-Software unterstützt. Dabei werden Aufgabengliederungen, Ablaufanalysen und alternative Sollkonzepte dem Ist-Zustand gegenübergestellt und Wirtschaftlichkeitsuntersuchungen (Kosten/Nutzenverhältnisse, Durchlaufzeiten) durchgeführt. Die Untersuchung der Wirtschaftlichkeit des Systems orientiert sich an den zu erstellenden Büroprodukten und an den Prozeßketten. Im Implementierungsmodul schließlich wird das konkrete Investitionsvorhaben in das 'neue Bürosystem' geplant und auf seine Folgen hin untersucht.

---

[278] Vgl. Krallmann, H.: (1994), S. 254

[279] Vgl. Kredel, L.: (1988), S. 164

[280] Götzer, K.-G. : (1990), S. 73

[281] Pape, v. G.: (1988), S. 46

[282] Vgl. Lutz, Kredel:(1988), S. 164 und. Steinle, C.:(1989), S. 143,

[283] Vgl. Lutz, Kredel: (1988), S. 165-169, . Steinle, C.:(1989), S. 143 und Pape, v.G.: (1988), S. 51-58.

Götzer kritisiert, daß eine Verfahrensunterstützung "nur in Form von deskriptiven Statistiken und aufwendigen Ablaufdarstellungen"[284] stattfindet. Beim Vergleich der KSA mit MOSAIK ist festzuhalten, daß die KSA eine konkretere Aufgabenanalyse durchführt, sich indirekte und direkte Zeitmessungen durchführen lassen und ein Sachmittel- und Arbeitsmittelverzeichnis erstellt wird[285]. MOSAIK dagegen enthält eine Präsentations- und Untersuchungsberichtskomponente, zu der bei der KSA keine Angaben gemacht werden[286].

4.2.7.3. VERIKS

Bei VERIKS (Verbesserung der innerbetrieblichen Kommunikations-Systeme) handelt es sich um ein computergestütztes Analyse- und Gestaltungsinstrument für Informations- und Kommunikationssysteme[287]. Ziel "ist die Schaffung einer integrierten Kommunikations-Infrastruktur auf der Basis eines langfristigen Konzeptes für Bürokommunikation sowie dessen konzeptionelle und technologische Absicherung"[288]. Die Zielsetzungen ähneln denen der KSA- und MOSAIK-Methode. Auch die projektorientierte Vorgehensweise ist der der anderen beiden kommunikationsorientierten Verfahren ähnlich.

In den ersten Schritten werden der Projektablauf definiert, das Untersuchungsfeld festgelegt und die Datenerhebung vorbereitet. Diese findet in Form von Selbstaufschrieben und Interviews statt. Danach wird eine sogenannte Info-Liste erstellt, "die alle in der Unternehmung erstellten und verteilten Informationen umfaßt"[289]. Auf Grundlage der Info-Liste werden dann Info-Profile gebildet, die den Informationsbedarf pro Funktion aufzeigen und die Basis zum Vergleich mit dem vorhandenen Ist-System bilden[290]. In den Interviews werden von den Mitarbeitern Schwachstellen und Verbesserungsvorschläge aufgezeigt und erörtert. Dabei werden teilstandardisierte Fragebögen verwendet, die später grafisch ausgewertet

---

[284] Götzer, K.G.: (1990), S. 73

[285] Vgl. Steinle, C.: (1989), S. 150-157

[286] Vgl. Steinle , C.: ebenda, S. 160-161

[287] Vgl. Reindl, E.: (1986), S.97

[288] Reindl, E. : ebenda, S. 97

[289] Reindl, E. : ebenda, S. 103-105

[290] Vgl. Reindl, E.: ebenda, S. 106

werden[291]. "Das Ergebnis sind Schwachstellen-, Informationsbedarfs- und Kommunikationsprofile"[292].

Im Vergleich zur KSA wird bei der VERIKS-Methode keine konkrete Aufgabenanalyse durchgeführt, und auch auf ein Sachmittelverzeichnis wird verzichtet. Die Darstellung der Kommunikationsbeziehungen, die Präsentation der Berichte und die Anwendung von Kreativitätstechniken wie Brainstorming und -writing werden dagegen bei der VERIKS-Methode verstärkt angewendet[293]. Auf die Erhebung von relevanten Kostendaten wird allerdings verzichtet, so daß Wirtschaftlichkeitsrechnungen nicht durchgeführt werden können[294]. Die VERIKS-Methode eignet sich somit ausschließlich zur Analyse, Darstellung und Behebung von Schwachstellen von Kommunikationsbeziehungen.

4.2.8. Psychologisch- arbeitswissenschaftlichen Ansätze

Informationstechnologien bedürfen des Menschen, so daß das gesamte Unternehmen, in dem IT eingesetzt werden, als soziotechnisches System aufgefaßt werden kann. Der Mensch darf nicht nur als 'bloßer Anwender' der Informationstechnologie betrachtet werden, sondern auch als jemand die eigene persönliche, kreative und damit subjektiv geprägte Leistung erbringt. Der Mitarbeiter sollte daher als unverzichtbarer Bestandteil in den Mittelpunkt bei der Neueinführung von IT einbezogen werden.

Der Umgang des Menschen mit der IT kann unterschiedliche Wirkungen auslösen. Diese Wirkungen können sich auf die Wirtschaftlichkeit des Unternehmens sowohl positiv als auch negativ auswirken. Zu den positiven Nutzenwirkungen kann z. B. gehören, daß Routineaufgaben von den Mitarbeitern schneller bearbeitet werden. Somit können diese sich vermehrt höherwertigen Aufgaben widmen. Das kann zu einem höheren Akzeptanzgrad und zu einer positiven Einstellung zur IT führen. Im umgekehrten Fall kann die neue Technik bei manchen Mitarbeitern durch die höheren Anforderungen zu einer Akzeptanzverweigerung führen. Als Folgen können Streß, Fluktuationen und Abstinenz vom Arbeitsplatz entstehen, was die indirekten Kosten des Unternehmens erhöht.

---

[291] Vgl. Reindl, E.: ebenda, S. 106-109

[292] Kredel, L.: (1988), S. 163

[293] Steinle, C.:(1989), S. 156-161

[294] Kredel, L.: (1988), S. 163

71

Die Organisationspsychologie und die Arbeitswissenschaft sind Wissenschaften, die sich mit den Arbeitsbedingungen und der Arbeitssituation des Mitarbeiters beschäftigen. Verfahren der psychologischen Arbeitsanalyse können "einerseits der Korrektur bestehender Arbeitsstrukturen dienen, andererseits bereits in frühen Stadien eines technisch-organisatorischen Konzeptes die zukünftigen Arbeitsaufgaben in den Blick nehmen"[295]. Bei der Analyse der Arbeitsbedingungen und -situation werden von verschiedenen Forschern, aufbauend auf bestimmten Theorien, unterschiedliche Fragestellungen untersucht. Die Organisationspsychologie untersucht z. B. Motivationsaspekte am Arbeitsplatz, während Ergonomieaspekte der Arbeitssituation von den arbeitswissenschaftlichen Ansätzen erforscht werden. Da die Anzahl der vorhandenen Methoden sehr groß ist, können sie nur ausschnittsweise vorgestellt werden. Karg und Staehle stellen eine Reihe von Verfahren und Instrumenten zur Analyse der Arbeitssituation vor[296]. Eine Anwendung finden die Verfahren im Produktions- und teilweise im Verwaltungsbereich. Als Erhebungstechnik wird in den überwiegenden Fällen die Fragebogenmethode angewandt (s.o.). In den nächsten Abschnitten werden Verfahren vorgestellt, bei deren Untersuchungen der Mensch im Mittelpunkt steht.

4.2.8.1. VERA/ RHIA

Beim VERA-Verfahren (Verfahren zur Ermittlung von Regulationserfordernissen in der Arbeitstätigkeit) werden " (...) Regulationserfordernisse bestimmt, das heißt, die Denk- und Planungsanforderungen, die eine Arbeitsaufgabe beinhaltet (...)"[297] werden untersucht. "Es wird der Umfang ermittelt, innerhalb dessen der Arbeitende eigene Entscheidungen hinsichtlich der Art und Abfolge seiner Arbeitsschritte, durch die er ein gefordertes Arbeitsergebnis realisiert, treffen kann"[298]. Die Handlungsforderungen können sich dabei auf unterschiedliche Aspekte der Regulation beziehen, "(...) etwa auf Fingerfertigkeit, Körperkraft oder Schnelligkeit der Bewegungsausführungen"[299].

Das Verfahren wendet eine Befragungs- und Beobachtungstechnik an. "Das VERA-Verfahren unterscheidet fünf Ebenen bzw. zehn Stufen der Regulationserfordernisse einer Arbeitsaufgabe, die sich durch zunehmend höherer Anforderun-

---

[295] Leitner, K.; Lüders, E.; u.a.: (1993), S.109

[296] Vgl. Karg, P.; Staehle, W.: (1982)

[297] Leitner, K. : (1987), S. 13

[298] Leitner, K.: ebenda, S. 13

[299] Leitner, K.: ebenda, S. 13

gen an das Denken und Planen des Menschen unterscheiden"[300]. Jedoch ist VERA nicht ohne weiteres auf die Büro- oder Verwaltungsarbeit anzuwenden. Dies ist auf die Ablauforientierung des Stufenmodells VERA zurückzuführen, welches in der Konzeption eher für Produktionsbetriebe zugeschnitten wurde. "Im Produktionsbereich hat die Arbeitstätigkeit in der Regel einen Verlauf, in dem eine Arbeitseinheit erst dann auf die nächste folgt, wenn die vorausgehende Arbeitseinheit abgeschlossen ist. In der Büroarbeit wendet sich dagegen die arbeitende Person häufig bestimmten Arbeitseinheiten zu, ohne daß vorherige abgeschlossen sind, und kehrt erst später zu den angesetzten Arbeitseinheiten zurück"[301]. Deshalb ist eine Anwendung des VERA Verfahren nur sinngemäß auf den Bürobereich anwendbar. Zum Zwecke der Analyse des Bürobereiches wurde daher eine Kombination aus RHIA (Verfahren zur Ermittlung von Regulationshindernissen in der Arbeitstätigkeit) und dem VERA-Konzept entwickelt.

"Im RHIA-Verfahren ist psychische Belastung allgemein als Behinderung der Handlungsregulation definiert, die entsteht, wenn die betrieblich festgelegten Durchführungsbedingungen im Widerspruch zur Erreichung des Arbeitsergebnisses treten"[302]. Die Entwickler des RHIA-Konzepts erheben nicht den Anspruch, alle Belastungen am Arbeitsplatz, die in verschiedenen Konzepten der Belastung thematisiert werden, messen zu wollen[303]. Es sollen nur die psychologischen Belastungen ermittelt werden, die "aus Widersprüchen zwischen gefordertem Arbeitsergebnis (Ziel) und Durchführungsbedingungen der Arbeitsaufgabe (Weg) resultieren"[304].

Unter Belastung werden die äußeren Einflußfaktoren (Ergonomie des Arbeitsplatzes, Lärm, Sozialverhalten der Vorgesetzten u. a.), die auf den Arbeitenden einwirken verstanden. Die empfundenen Beanspruchungsfaktoren (positiver/negativer Streß, Unzufriedenheit am Arbeitsplatz, physische oder psychosomatische Krankheitserscheinungen) resultieren aus den Belastungsfaktoren. Im RIHA werden sogenannte aufgabenbezogene Belastungen untersucht.

Auf Grundlage beider Verfahren wurde das RHIA/VERA-Büroverfahren entwickelt, welches "auf die Analyse und Beurteilung der Arbeitsbedingungen als Handlungsbedingungen für die Arbeitenden"[305] zielt. Untersucht wird herbei, "welche der an

---

[300] Leitner, K.: ebenda, S. 14.

Zu den einzelnen Stufen vgl. Abbildung Leitner, K.; Lüders, E.: (1993), S. 36

[301] Leitner, K.; Lüders, E.:(1993), S. 35

[302] Leitner, K.: (1987),S.19

[303] Vgl. Leitner, K.: ebenda, S. 38

[304] Leitner, K.: ebenda, S.38

[305] Leitner, K.; Lüders, E.; u.a. : (1993) S.17

einem Arbeitsplatz vorhandenen Arbeitsbedingungen menschlichem Handeln angemessen und welche menschlichem Handeln unangemessen sind"[306].

Im Vergleich zu dem ursprünglichen VERA-Verfahren erfolgt beim RHIA/VERA-Verfahren eine modifizierte Einstufung der Arbeitsaufgabe in 10 Stufen[307]. Die einzelnen Stufen geben an, inwieweit die Arbeitsaufgabe eigenständige Denk- und Planungsprozesse des Arbeitenden erfordert. "Je weiter die geistigen Anforderungen ausgeprägt sind, desto mehr können erworbene Qualifikationen erhalten und erweitert werden"[308].

In vier Maßen werden die Merkmale von Denk- und Planungsprozessen und aufgabenbezogenen psychischen Belastungen quantifiziert. "Zur Quantifizierung der Denk- und Planungsprozesse werden die beobachteten Phänomene einer von neun Stufen (...) zugeordnet, psychische Belastungen werden über Zeitmessungen oder -schätzungen quantifiziert"[309]. Eine ausführliche Erläuterung der Stufen und der Begriffe findet sich im Handbuch des RHIA/VERA- Verfahren[310].

Bewertung:

Das RHAI/VERA-Verfahren läßt sich als Instrument zur präventiven Gestaltung von Arbeitsprozessen in Unternehmen einsetzen. Die Prävention zielt dabei auf die Vermeidung von z. B. gesundheitlichen Schädigungen oder auf die Schaffung von Selbstentfaltungsmöglichkeiten am Arbeitsplatz. Rohte[311] hebt hervor, daß bei der Ist-Analyse die Verfahren Aufschluß geben über Arbeitsplätze, die aus arbeitspsychologischer Sicht gestaltungsbedürftig sind. Für die Planung zukünftiger Arbeitsaufgaben, führt Rothe an, kann mit Hilfe der Arbeitsanalyse ermittelten operationalisierten Kriterien bewertet werden, woraus sich konkrete Umsetzungsmöglichkeiten der künftigen Arbeitsstruktur ableiten lassen[312]. Weiterhin führt er an, daß sich Aussagen zu der Qualifizierung der Arbeitnehmer und über ihr zukünftige Lernpotential ableiten lassen.

4.2.8.2. Arbeitswissenschaftliches Erhebungsverfahren zur

---

[306] Leitner, K.; Lüders, E.; u.a.: ebenda, S.17

[307] Vgl. Leitner, K.; Lüders, E.; u.a.: ebenda, S. 37

[308] Vgl. Leitner, K.; Lüders, E.; u.a.: ebenda, S. 79

[309] Leitner, K.; Lüders, E.; u.a.: ebenda, S. 18

[310] Leitner, K.; Lüders, E., u.a.: ebenda, S. 35

[311] Rothe, I.: (1991), S 12 ff

[312] Vgl. Rothe, I.: ebenda, S. 12 ff

Tätigkeitsanalyse (AET)

Mit dem AET wird ein Erhebungsverfahren vorgestellt, das zum Ziel hat, physiologische Belastungen am Arbeitsplatz zu untersuchen. "Es handelt sich dabei um ein ergonomisches Beobachtungsinterview zur bedingungsbezogenen Klassifizierung von Anforderungen und Arbeitsmerkmalen"[313]. Ziel ist es, "eine Methodik zur Belastungsbeschreibung zu entwickeln, die es gestattet, Mensch-Arbeits-Systeme unter dem Aspekt der Beanspruchung zu untersuchen"[314].

Der AET beschreibt das Arbeitsverhalten bzw. die Arbeitssituation durch einzelne Arbeitselemente. Unterschieden werden 216 Merkmale, die sich in die "Hauptbereiche 'Arbeitssystem' (Unterbereiche: Arbeitsobjekt, Betriebsmittel, Arbeitsumgebung), 'Aufgabenanalyse' und 'Anforderungsanalyse' (Anforderungsbereiche: Informationsaufnahme, Entscheidung, Handlung/ Belastung)[315]. untergliedern lassen. Den Theoretischen Hintergrund bildet das Beanspruchungs- und Belastungskonzept. Dabei wird zugrunde gelegt, daß Individuen die objektiven Belastungen (Lärm, Strahlung, bestimmtes Verhalten eines Vorgesetzten etc.) durch ein subjektiv-bezogenes Verhalten unterschiedlich verarbeiten, wie z. B: Erduldung von Belastung (z. B. das Verhalten eines Vorgesetzen), Flucht vor der Belastung oder direkter Angriff auf die Belastung .

Im Unterschied zum VERA-Verfahren werden nicht die einzelnen Aufgaben in Stufen abgegrenzt. Das AET untersucht das Arbeitssystem aus dem Blickwinkel, "das alle einem Arbeitsplatzinhaber abverlangten Arbeitshandlungen einschließlich ihrer technisch-organisatorischen Grundlagen"[316] untersucht werden.

Bewertung: Dem AET kann eine universale Anwendbarkeit zugesprochen werden, weil es sich "zu breit angelegten Übersichtsuntersuchungen"[317] und "zur systematischen Schwachstellenforschung"[318] eignet. Kritisch anzumerken ist, daß der Einfluß der Situation und die Verarbeitung der einzelnen Aufgaben vernachlässigt werden[319]. Im Vergleich zum RHIA-Verfahren wird angemerkt, daß der Auflösungsgrad des AET-Verfahrens "gröber ist als der des RHIA-Verfahrens, da das

---

[313] Leitner, K.; u.a.: (1987), S. 41

[314] Rohmert, L.; u.a.: (1975), S. 27

[315] Leitner, K.; u.a.: (1987), S. 41

[316] Leitner, K. u.a.: ebenda, S. 41

[317] Rohmert, W.; Landau, K. : (1979), S 62

[318] Rohmert, W.; Landau, K.: ebenda , S. 157

[319] Vgl. Walter M.: (1983), S. 40

Ziel des AET in einer umfassenden Klassifizierung verschiedenartiger Tätigkeits-merkmale liegt"[320]. Der zeitliche Erhebungaufwand ist bei beiden gleich hoch[321].

---

[320] Vgl. Leitner, K.; u.a.:(1987,) S. 41-42

[321] Vgl. Leitner, K.; u.a.: ebenda, S. 41-42

5. Zusammenfassung

Wegen der zunehmenden Priorisierung der Prozeßorganisation sollte in dieser Arbeit gezeigt werden, wie Organisationen und Informationstechnologien/Aktivitäten aus unterschiedlichen Perspektiven bewertet werden können.

Am Anfang der Arbeit wurde auf verschiedene Organisationstheoretiker eingegangen, die sich intensiv mit der Strukturierung von Aufgaben im Betrieb auseinandersetzen. Bei der Bewertung von Organisationen wurde die vergleichende Organisationsforschung angesprochen, die Organisationen aus verschiedenen Blickwinkeln untersucht. Auf den situativen Ansatz als Erklärungskonzept für das Vorliegen bestimmter Organisationsstrukturen wurde näher eingegangen. Ergebnis war, daß die vergleichende Organisationsforschung heute noch vor unbeantworteten Fragen, bzgl. der Optimalität bestimmter Organisationsformen und -strukturen, steht.

Durch die weit fortschreitende Technologisierung im Produktions- und Verwaltungsbereich werden zunehmend Konzepte wie die Prozeßorganisation diskutiert. Es wurde kurz auf die Grundgedanken der IT, speziell WMS eingegangen. Auch die unterschiedlichen Aufgaben, die im Verwaltungsbereich zu erledigen sind und die mit Hilfe von IT effizienter und effektiver bearbeitet werden können, wurden angesprochen.

Welche Methoden oder Verfahren es gibt, IT und Aktivitäten im Unternehmen zu bewerten, wurde im vierten Teil behandelt. Die Methoden wurden nach bestimmten Kriterien eingeteilt, die jede für sich einen bestimmten Teilaspekt bei der Bewertung übernehmen sollten. Es wurde gezeigt, daß die operativen und strategischen Nutzenwirkungen der IT schwer erfaßbar sind.

Die Einteilung der Verfahren verfolgte den Zweck, die Nutzenwirkungen in Teilaspekten zu kristallisieren und somit unterschiedliche Sichtweisen der Bewertbarkeit von IT und Aktivitäten im Unternehmen aufzuzeigen. Letztlich kann festgehalten werden, daß es bis heute keine einheitliche Systematisierung von Verfahren/Methoden und nur Lösungsansätze zur Bewertung von IT gibt. Ein umfassendes Verfahren welches IT bewertet, konnte in der Literatur nicht gefunden werden. Ergebnis war, daß die schwer quantifizierbaren Aspekte der Nutzenwirkungen nicht in herkömmlichen Wirtschaftlichkeitsrechnungen integriert werden können und das die Nutzenwirkungen subjektiv bewertet werden, so daß die Objektivität der Verfahren nicht gewährleistet ist.

Ergebnis war auch, daß z. B. Investitionsrechnungen nicht isoliert einsetzbar sind, sondern eine Kombination von verschiedenen Ansätzen nötig sind, um eine sinnvolle Bewertung durchzuführen. Der Ansatz der Mehrebenenbetrachtung der Organisation, durch verschiedene Autoren und die Anwendung verschiedener Verfahren geben hier eine richtungsweisende Vorgabe, wie zukünftige Verfahren aus zuarbeiten bzw. zu entwickeln sind.

Auffallend ist auch, daß in der Literatur der soziale Aspekt in der Auseinandersetzung mit der Bewertung von IT, so gut wie nicht erwähnt wird. Verwunderlich ist es deshalb kaum, das es nur in Ansätzen Verfahren gibt die die Wirkungen der IT auf den Menschen untersuchen. Als ausführlichstes Konzept wurde das VERA/RHIA Verfahren gefunden.

Abbildungsverzeichnis:

Anhang

Sammlung von Kennzahlen

Diese Kennzahlen sind Beispiele zur Bildung von Kennzahlensystemen, die zur Messung der strategischen Wirkungen eingesetzt werden können. Mende stellt diese, an Anlehnung verschiedener Autoren, heraus[322].

Erfolgsfaktoren der Prozeßleistung

Qualität

Reklamationsquote

Anzahl der zufriedenen Kundenfälle

Output-Fehlerquote

Fehlerquote pro Bearbeitungsschritt

Häufigkeit bestimmter Fehlerarten

Nachbearbeitungsquote

Qualitätskosten

Kosten der Reklamationsbehandlungen

Nachbearbeitungskosten

Nachbearbeitungsdauer nach Reklamation

Anzahl Abweichung von Genauigkeitsforderungen

Input-Fehlerquote (Qualitätsmängel bei Lieferungen)

Kontroll- und Prüfkosten beim Leistungsein- und -ausgang

Kontroll- und Prüfzeit

Anzahl der Rückfragen

Anzahl der Stornotransaktionen

Zeit

Durchlaufzeit

Termineinhaltungsquote

Anzahl der Terminüberschreitungen

Termineinhaltungsquote

Mehrarbeitsquote

Kosten für Überstunden

Bearbeitungszeiten

---

[322]Vgl. Mende, M.: (1995), S. 216 ff

80

Anteil der Bearbeitungszeit an der Durchlaufzeit
Rüst-/Einarbeitungszeit
###Liege-/Wartezeit
Transportzeit
Kontroll- und Prüfzeit
Korrekturzeit
Reaktionszeit

Kosten

Prozeßkosten (insgesamt oder pro Geschäftsvorfall)
variable kosten (insgesamt oder pro Geschäftsvorfall)
indirekte Kosten (insgesamt oder pro Geschäftsvorfall)
Personalkosten(insgesamt oder pro Geschäftsvorfall)
Informatikkosten (insgesamt oder pro Geschäftsvorfall)
Informationskosten (insgesamt oder pro Geschäftsvorfall)
Materialkosten (insgesamt oder pro Geschäftsvorfall)
Energiekosten (insgesamt oder pro Geschäftsvorfall)
Miet-/Raum-/Mobiliarkosten (insgesamt oder pro Geschäftsvorfall)
Qualitätskosten (insgesamt oder pro Geschäftsvorfall)
Deckungsbeitrag pro Geschäftsvorfall
Arbeitszeit pro Geschäftsvorfall
Kosten der Ausführung einer Transaktion
Kosten eines Informationssystems
Anzahl der Vorfälle pro Mitarbeiter
Deckungsbeitrag pro Mitarbeiter

Flexibilität

Anzahl Vorfälle
Anteil verschiedener Leistungsarten an der Anzahl der Vorfälle
Anteil der Sonderfälle
Anteil manuell zu bearbeitender Vorfälle
Anteil der standardisiert bearbeitenden Vorfälle
Anteil der neuartigen Vorfälle an allen Vorfällen
Anzahl der erfolgten Spezifikationsänderungen bei Aufträgen in Prozent der
Änderungswünsche (Grad des Eingehens auf Kundenwünsche)
Kosten für die Behandlung von Sonderfällen
Zeitdifferenz bei der Bearbeitung von Standard- und Sonderfällen
Rüst- und Einarbeitungszeit
Anzahl der Überstunden

Mehrarbeitsquote
Qualifikationsgrad der Mitarbeiter
Anteil der Mitarbeiter, die über ein bestimmtes Wissen verfügen, an der Ge-
samtanzahl der Mitarbeiter
Erfolgsfaktoren des Prozeßablaufs

Ablaufsicherheit
Termineinhaltungsquote
Output Fehlerquote
Nutzungshäufigkeit kritischer Transaktionen
Ausfallhäufigkeit bestimmter Komponenten
Anzahl gescheiterter Zugriffsversuche auf das Informationssystem
Häufigkeit der Paßwortänderung

Kundennähe
Kundenzuwachsrate
Anzahl Neukunden
Anzahl zufriedener Kunden
Anzahl verlorener Kunden
durchschnittliche Dauer der Kundenbindung
Anteil der Stammkunden am Umsatz
Deckungsbeitrag pro Kunde
Häufigkeit der Kundenkontakte
Dauer von Kundenkontakten
Anzahl der Mitarbeiter, mit den ein Kunde Kontakt hat
Zeit zwischen Bedarfserkennung und Angebotserstellung
Anzahl nicht beantworteter Kundenanfragen
Angebotserfolgsquote
Kosten der Erstellung erfolgloser Angebote
Reklamationsquote
Anzahl der Rückfragen beim Kunden
Produkterfolgsquote

Operative Potenz
Auslastungsgrad
Länge der Warteschlangen
Kosten im Lager gebundener Mittel
Mehrarbeitsquote

Informationsfluß
Anzahl verspäteter Informationen
Anzahl fehlerhafter Informationen
Anzahl nicht erhältlicher Informationen
Anzahl falsch abgelegter Informationen
Aktualitätsgrad von Informationen
Kosten fehlender, fehlerhafter oder unvollständiger Informationen
Anzahl Reklamationen von Informationsempfängern
Anzahl Vorschläge pro Mitarbeiter

Führbarkeit
Abweichungen gegenüber Prozeßzielen %
Anteil der Gruppen/Mitarbeiter, die ihre Ziele erreichen
Anzahl verspäteter Berichte
Anzahl Verbesserungsvorschläge pro Mitarbeiter
Anzahl Planänderungen
Reaktionszeit
kosten für externe Beratung
Bewertung des Arbeitsklimas durch Mitarbeiter

Effizienz (siehe auch Kosten)
Anzahl Vorfälle pro Mitarbeiter
Auslastungsgrad

Know-how
Schulungs- und Weiterbildungskosten
Ausbildungstage pro Mitarbeiter
Qualifikationsgrad der Mitarbeiter
Zahl der Mitarbeiter , die über ein bestimmtes Wissen verfügen

Literaturverzeichnis

Achtenhagen, F.; u.a. (Hrsg.) (1993)
Schriftenreihe Handeln und Entscheiden in komplexen ökonomischen Situa-
tionen. Band. 10. Schriftenreihe: Ein ganzheitlich orientierter Ansatz zur
wirtschaftlichen Neugestaltung von Bürosystemen, Heidelberg 1993

Aichele, C. (1995)
Geschäftsprozeßanalyse auf Basis von Kennzahlensystemen. In: Management und Computer, H. 2/1995, S. 124

Antweiler, J (1995)
Wirtschaftlichkeitsanalyse von Informations- und Kommunikationssystemen
(IKS), Köln 1995

Bellmann, B. K. (1989)
Kostenoptimale Arbeitsteilung im Büro, Berlin 1989

Bellmann, K. (1991)
Prozeßorientierte Organisationsgestaltung im Büro. In: ZfO H. 2/1991, S. 107-
111

Bellmann, U. (1995)
Dimensionen der Organisationsstruktur. In: ZfO H. 3/1995, S. 159-164

Bibel, A. (1991)
Einführung in die Prozeßkostenrechnung. In: Kostenrechnungspraxis H.
2/1991, S. 89

Burger, A. (1995)
Kostenmanagement, München 1995

Büschges, G.; u.a. (1977)
Praktische Organisationsforschung, Hamburg, 1977

Child, J. (1972)

Organizational structure, enviroment and performances: The role of strategic choice. In: Sociologie H.6/1972, S. 3

Christoph, O. (1991)
Prozeßkostenrechnung: Aufbau und Einsatz, Wiesbaden 1991

Coenenberg, A. G.:
Kostenrechnung und Kostenanalyse 2. Aufl., Landsberg/ Lech 1993

Eipperle, G. (1992)
Bürokommunikation. Schriftenreihe des Instituts für allgemeine Wirtschaftsforschung der Albert-Ludwig-Universität. Band 42, Freiburg 1992, S.61

Eipperle, G. (1991)
Elektronische Vorgangsabwicklung im Büro. Diss., Heilbronn 1991

Eversheim, W. (1995)
Prozeßorientierte Unternehmensorganisation, Berlin 1995

Freese, E. (1994)
Aktuelle Organisationskonzepte und Informationstechnologie. In: Management und Computer, 2. Jg., H. 2/ 1994, S. 130

Freese, E. (1980)
Grundlagen der Organisation, Wiesbaden 1980

Freidank, C. C. (1993)
Die Prozeßkostenrechnung als Instrument des strategischen Kostenmanagements. In: Unternehmung H. 5/1993, S. 389-392,

Fröhling, O. (1992)
Thesen zur Prozeßkostenrechnung. In: ZfB 62. Jg. H. 7/1992, S. 727

Fröhling, O. (1994)
Dynamisches Kostenmanagement, München 1994

Gaitanides, M. (1992)

Ablauforganisation. In: Freese, E. (Hrsg.): Handwörterbuch der Organisation 3.Aufl., Stuttgart 1992

Gaitanides, M. (1983)
Prozeßorganisation, München 1983

Gappmeier, M.; Kepler, J. (1994)
Die Evaluierung von Workflow-Management-Systemen. In: Krickl, C. O. (Hrsg.): CIP-Einheitsaufnahme Geschäftsprozeßmanagement: prozessorientierte Organisationsgestaltung und Informationstechnologie. Beiträge zur Wirtschaftsinformatik. Band 11, Heidelberg, 1994, S. 105 ff

Götzer, K.-G. (1990)
Optimale Wirtschaftlichkeit und Durchlaufzeit im Büro, Berlin 1990

Graber, B. (1978)
Computergestützte Informationssysteme in kleineren bis mittleren Unternehmungen, Bern 1978

Grochla, E.(1970)
Grundprobleme der Wirtschaftlichkeit in automatisierten Datenverarbeitungsystemen. In: Grochla, E. (Hrsg.): Die Wirtschaftlichkeit automatisierter Datenverarbeitungssysteme, Wiesbaden 1970

Grochla, E. (1972)
Unternehmensorganisation, Reinebeck 1972

Grochla, E. (1980)
Organisationstheorie. In: Grochla Erwin (Hrsg.): Handwörterbuch der Organisation 2. Aufl., Stuttgart 1980

Hammer, M.; Campy, J. (1994)
Business Reengineering , Frankfurt/M.1994

Hammer, M.; Campy, J. (1995)
Business Reengineering 5. Aufl., Frankfurt/M. 1995

Hände, S. (1975)

Wertanalyse, ein neuer Weg zu besseren Betriebsergebnissen, Düsseldorf, 1975

Heib, R. (1995)
Benchmarking. In: Management und Computer H. 4/1995, S. 315

Heinen, E. (1966)
Das Zielsystem der Unternehmung, Wiesbaden 1966
Heinen, E. (1983)
Betriebswirtschaftliche Kostenlehre, Kostentheorie und Kostenentschei- dung 6. Aufl., Wiesbaden 1983

Heinrich, L. (1992)
Informationsmanagement, Planung, Überwachung und Steuerung der Infor- mationsstruktur 4. Auflage, Oldenburg 1992

Hill, W.; u.a. (1974)
Organisationslehre 1. Ziele, Instrumente und Bedingungen der Organisation sozialer Systeme, Bern 1974

Hoppen, D. (1992)
Organisation und Informationstechnologie. Grundlagen für ein Konzept zur Organisationssystemgestaltung, Hamburg 1992

Horvath, P.; Mayer, R. (1989)
Prozeßkostenrechnung. In: Controlling H. 4/1989, S. 216 ff

Horvath, P.; Seidenschwarz, W. (1992)
Zielkostenmanagement. In: Controlling H. 3/1992, S. 143

Horvath, P. (1992)
Controlling 4. Aufl., München 1992

Hoyer R. (1988)
Organisatorische Voraussetzungen der Büroautomation. Reihe Betriebliche Informations- und Kommunikationssysteme. Band 11, Berlin 1988

Hoyer, R.; Kölzer, G. (1986)

Ansätze zur Planung eines unternehmensweite Informations- und Kommunikationssystems, In: Krallmann, H. (Hrsg.): Informationsmanagement auf der Basis integrierter Bürosysteme, Berlin 1986

Huber, R. (1987)
Gemeinkosten- Wertanalyse. Methoden der Gemeinkosten- Wertanalyse (GWA) als Element einer Führungsstrategie für die Unternehmensverwaltung 2. Aufl., Stuttgart 1987

Hujer, R.; Cremer, R. (1977)
Grundlagen und Probleme einer Theorie der sozioökonomischen Messung. In: Pfofhl, H.-C. (Hrsg.): Wirtschaftliche Meßprobleme, Köln 1977

Kaplan, R. S. (1990)
The Four-Stage model of Cost System Design. In: Management Accounting. Febr. 1990, S. 22.

Karg, P.; Staehle, W. H.(1982)
Analyse der Arbeitssituation: Verfahren und Instrumente, Freiburg 1982

Kargl, H. (1993)
Controlling im DV-Bereich, München 1993

Karlöf, B. (1993)
Das Benchmarking Konzept, Stockholm 1993

Kern, W. (1992)
Industrielle Produktionswirtschaft 5. Aufl., Stuttgart 1992

Kern, W. (1974)
Investitionsrechnung, Stuttgart 1974

Kieser, A.; Kubicek, H. (1992)
Organisation 3. Aufl., Berlin 1992

Kirn, S. (1995)
Organisatorische Flexibilität durch Workflow-Management-Systeme? In: HMD 182/1995, S. 103

Klingler, Bernhard (1993)
Target Costing Management. In: Controlling, H. 4/1993, S. 201

Kosiol, E.(1962)
Organisation der Unternehmung, Wiesbaden 1962

Krallmann, H.; Pietsch, T. (1990)
Die Dreidimensionalität der Büroautomation: In Preßmar, D.: SzU, Büroautomation Band. 42, Wiesbaden 1990, S. 3-24
Krallmann, H. (1994)
Systemanalyse, München 1994

Kredel, L. (1988)
Wirtschaftlichkeit von Bürokommunikationssystemen, Berlin, 1988

Krickl, O. (1994)
Business Redesign - Prozeßorientierte Organisationsgestaltung und Informationstechnologie. In Krickl, C. O. (Hrsg.): CIP-Einheitsaufnahme Geschäftsprozeßmanagement: Prozessorientierte Organisationsgestaltung und Informationstechnologie. Beiträge zur Wirtschaftsinformatik. Band 11, Heidelberg, 1994,S. 18

Kruschwitz, L. (1978)
Investitionsrechnung, Berlin 1978

Kubicek, H.; Kieser, A. (1980).
Vergleichende Organisationsforschung. In: Grochla, E. (Hrsg.): Handwörterbuch der Organisation 2. Aufl. Stuttgart 1980

Kubicek, H.; Welter, G.(1985)
Messung der Organisationsstruktur, Stuttgart 1985

Kühne A. (1995)
Benchmarking. In: ZfB H. 2/1995, S. 42

Küster, H. (1990)
Controlling der Administration. In: Controlling , H. 3/1990, S. 146

Leitner, K.; Lüders, E.; u.a. (1993)

Analyse psychischer Anforderungen und Belastungen in der Büroarbeit, Göttingen 1993

Leitner, K., u.a. (1987)
Analyse psychischer Belastung in der Arbeit, Köln 1987

Matare, J. (1987)
Wirtschaftlichkeitsrechnung in der Büroinformationsverarbeitung. In: Hoyer, R., Kölzer, G. (Hrsg.): Wirtschaftlichkeitsrechnungen im Bürobereich. Reihe Betriebliche Informations- und Kommunikationssysteme. Band 9, Berlin 1987, S.94

Matzenbacher, H.-J. (1979)
Zur Konzeption eines anwendungsorientierten Kennzahlenmodells zur Überwachung und Steuerung der Organisation. In: ZfO H. 5/1979, S. 275 ff

Mayer, G.(1975)
Divisionalisierung-, Beispiel eines geplanten Wandels von Organisationen. Eine empirisch explorative Studie, Diss., Mannheim 1975

Mayntz, R.(1968)
Max Webers Idealtypus der Bürokratie und die Organisation. In: Mayntz, R (Hrsg.): Bürokratische Organisation, Köln 1968

Mende, M. (1995)
Ein Führungssystem für Geschäftsprozesse, Diss., Bamberg 1995

Merkel, H. (1986)
Die Beantwortung der Frage nach Wirtschaftlichkeit von Informationssystemen- Eine Herausforderung an das Informationsmanagement. In Krallmann, H. (Hrsg.): Planung, Einsatz und Wirtschaftlichkeitsnachweis von Büroinformationssystemen. Reihe Betriebliche Informations- und Kommunikationssysteme. Band 7, Berlin 1986, S. 94

Meyer, P. (1990)

Zero-Base-Planing, Köln 1990

Meyer, C. B. (1989)
Über die Wirtschaftlichkeit von Informatikinvestitionen. In: Output, 18. Jg. H.6/1989, S. 21-23

Mollenhauer, M.; Ring, T. (1990)
Total Quality Management - Das organisierte Bewußtsein. In: Arthur D. Little (Hrsg.): Management der Hochleistungsorganisation, Wiesbaden 1990

Müller, A. (1992)
Gemeinkostenmanagement, Wiesbaden 1992

Nagel, K. (1990)
Nutzen der Informationsverarbeitung: Methoden zur Bewertung strategischer Wettbewerbsvorteile 2. Aufl., München 1990

Niemeier, J. (1992)
Die neue Rolle von Informations- und Kommunikationssystemen in schlanken Unternehmen. In Bullinger, H.-J. (Hrsg.): Informationsstrukturen als strategische Herausforderung, Reihe IAO-Büroforum, FBO Verlag, 1992, S. 209

Niemeier, J. (1988)
Konzepte der Wirtschaftlichkeitsberechnung bei integrierten Informationssystemen. In Horvath, P. (Hrsg.): Wirtschaftlichkeit neuer Produktions- und Informationstechnologien Stuttgart 1988

Nieschlag, R., u.a.(1988)
Marketing 15. Aufl., Berlin 1988

Nordsieck, F. (1972a)
Betriebsorganisation 4. Aufl., Stuttgart 1972 S. 16

Nordsieck, F. (1972b)
Betriebsorganisation. Lehre und Technik. Textband, Stuttgart 1972, Sp. 9.

Österle, H. (1995)
Business Engineering - Prozeß- und Systementwicklung, Heidelberg 1995

Pape, v. G. (1988)
Mit MOSAIK die Büro-Arbeit wirtschaftlich gestalten. In: Hoyer, R.; Kölzer, G. (Hrsg.): Rechnergestützte Planung und Gestaltung von Büroinformationssystemen. Reihe Betriebliche Informations- und Kommunikationssysteme. Band 10, Berlin 1988, S. 46

Pfeiffer,W.G., u.a. (1983)
Technologie-Portfolio zum Management strategischer Zukunftsfelder 2. Aufl., Göttingen 1983

Picot, A. (1979)
Rationalisierung in Verwaltungsbereich als betriebswirtschaftliches Problem. In: ZfB H. 12/1979, S. 1160

Picot, A. (1981)
Planung und Kontrolle der Verwaltungskosten im Unternehmen. In: ZfB 51 Jg. H. 4/1981, S. 337

Picot, A. Reichwald, R. (1987)
Bürokommunikation, Leitsätze für Anwender 3. Aufl., München 1987

Picot, A.; Franck, E. (1995)
Prozeßorganisation, Eine Bewertung der neuen Ansätze aus Sicht der Organisationslehre, Freiberger Papiere, Freiberg 1995, S. 10

Pietsch, T.; Hoyer, R. (1988)
Praxiseinsatz der Kommunikationsstrukturanalyse (KSA) zur Untersuchung und Gestaltung des Bürobereichs. In Hoyer, R., Kölzer, G. (Hrsg.): Rechnergestützte Planung und Gestaltung von Büroinformationssystemen. Reihe Betriebliche Informations- und Kommunikationssysteme. Band 10, Berlin 1988, S. 12

Porter, M. E. (1992)
Wettbewerbsvorteile, Spitzenleistung erreichen und behaupten 3. Aufl., Frankfurt/M. 1992

Rainer, K.; u.a. (1979)
Die Effizienz von Reorganisationsmaßnahmen aus der Sicht der Praxis, München 1979

Rau, H.-P. (1995)
Anforderung des Target Costing in einem Maschinenbauunternehmen an die EDV-Unterstützung. In: HMD 182/ 1995, S. 83

Rau, K.-H. (1991)

Integrierte Bürokommunikation. Organisation und Technik, Wiesbaden 1991

Raufer, S.; u.a. (1995)
Ein Werkzeug zur Analyse und Modellierung von Geschäftsprozesssen als Voraussetzung für effizientes Workflow-Management. In: Wirtschaftsinformatik 37 1995, 5 S. 467

Reichmann T.; u.a.(1977)
Kennzahlensysteme als Instrument zur Planung, Steuerung und Kontrolle von Unternehmen. Maschinenbau H.9 /1977, S. 45

Reichmann, T. (1990)
Controlling mit Kennzahlen 2. Aufl., München 1990
Reichwald, R. (1984)
Bürokommunikation im Teletextdienst-Produktivitätsmessung im Feldexperiment. In: Witte, E. (Hrsg.): Bürokommunikation, Vorträge d. am 3./4. Mai 1983 in München abgehaltenen Kongresses - office communication. Band 9, Telekommunikation, Berlin 1984, S. 102.

Reichwald, R. (1990)
Büroautomation, Bürorationalisierung und das Wirtschaftlichkeitsproblem-Kostenorientierte und strategische Ansätze. In Preßmar, D.: Büroautomation. In: SzU, Band 42, Wiesbaden 1990

Reindl, E. (1986)
VERIKS , Verbesserung innerbetrieblicher Kommunikationssysteme. Ein Konzept zur computerunterstützten Analyse und Gestaltung innerbetrieblicher Informations- und Kommunikationssysteme. In Proceedings zur Kommtech 86 in Essen, Symposium Köln 1986

Reindl, E. (1988)
VERIKS, ein DV-gestütztes System für die Analyse und die Gestaltung von Bürokommunikationssystemen. In; Hoyer, R.; Kölzer, G.;(Hrsg.) Rechnergestützte Planung und Gestaltung von Büroinformations-Systemen. Reihe Betriebliche Informations- und Kommunikationssysteme. Band 10, Berlin 1988, S. 97

Rohmert, L.; u.a. (1975)

Arbeitswissenschaftliche Beurteilung der Belastung an unterschiedlichen industriellen Arbeitsplätzen, Bonn 1975 BMAS

Rohmert, W.; Landau, K. (1979)
Das arbeitswissenschaftliche Erhebungsverfahren zur Tätigkeitsanalyse (AET), Handbuch. Bern 1979

Rothe, I. (1991)
VERA und RHIA als arbeitsanalytische Grundlage bei der Umgestaltung von Fertigungsinseln. In Oesterreich, R. /Volpert, W. (Hrsg.), VERA Version 2. Arbeitsanalyseverfahren zur Ermittlung von Planungs- und Denkanforderungen im Rahmen der RHIA-Anwendung. Forschungen zum Handeln in Arbeit und Alltag. Band 3, Berlin 1991

Schäfer, G.; Wolfram, G. (1986)
Die FAOR-Kosten-Nutzenanalyse in der praktischen Anwendung. In: Krallmann, H. (Hrsg.): Planung, Einsatz und Wirtschaftlichkeitsnachweis von Büroinformationssystemen. Reihe Betriebliche Informations- und Kommunikationssysteme. Band 7, Berlin 1986, S.247

Schäfer, G.; Wolfram, G. (1987)
Kosten/Nutzenbewertung von Bürosystemen- die praktische Verwendbarkeit von Ergebnissen. In: Hoyer, R.; Kölzer, G. (Hrsg.): Wirtschaftlichkeitsrechnungen im Bürobereich. Reihe Betriebliche Informations- und Kommunikationssysteme, Band 9, Berlin 1987, S. 40-41,

Scheelhass, H.; Schönecker, H. (1982)
Einsatzbedingungen von Kommunikationssystemen. Eine empirische Analyse, München 1982

Scheer, A.-W. (1978)
Wirtschaftlichkeitsanalysen von Informationssystemen In: Hansen, H. R. (Hrsg.). Entwicklungstendenzen der Systemanalyse, 5. Wirtschaftsinformatik - Symposium der IBM Deutschland GmbH. München, Wien 1978, S. 309

Scheer, A.-W. (1983)
Wirtschaftlichkeit von PPS- Systemen. In: VDI (Hrsg.): Planung und Steuerung betrieblicher Abläufe . VDI-Berichte 490, Düsseldorf 1983

Scheer, A.-W. (1992)
Wirtschaftlichkeitspotentiale von CIM. In: Görke, W.; u.a.(Hrsg.): Information als Produktionsfaktor. 22. GI-Jahrestagung. Berlin 1992, S. 67

Scherff, J. (1986)
Ermittlung der Wirtschaftlichkeit moderner Informations- und Kommunikationssysteme. In: HDM 23. Jg., H. 131/1986, S 6

Schneeweiß, C. (1990)
Kostenwirksamkeitsanalyse, Nutzwertanalyse, Multi-Attributive Nutzentheorie. In: Wi St H. 1/ 1990, S. 14

Scholz, R.; Vrohlings, A. (1994)
Prozeß-Leistungs-Transparenz. In: Gaitanides, M. (Hrsg.): Prozeßmanagement, München 1994, S. 58-98

Schryögg, G. (1994)
Umwelt, Technologie und Organisationsstruktur 2. Aufl., Bern 1994

Schuh, G.
Prozeßmanagement erfolgreich einführen. In: io management 64, Nr. 12 ,S. 65

Schulte, C. (1991)
Aktivitätsorientierte Kostenrechnung. In: Controlling, H. 1/1991, S.20

Schumannn, M.(1987)
Methoden zur Quantifizierung von Büroautomatiesierungseffekten . Versuch eines Überblicks. In Paul, M. (Hrsg.): GI-17 Jahrestagung Computerintegrierter Arbeitsplatz im Büro. München, 20.-23. Oktober 1987, Berlin 1987, S. 705

Schumann, M. (1992)
Betriebliche Nutzeffekte und Strategiebeiträge der großintegrierten Informationsverarbeitung, Berlin 1992, S. 178 ff

Schumann, M. (1993)
Wirtschaftlichkeitsbeurteilung für IV-Systeme. In: WI, 35. Jg. 1993, S.172

Schweitzer, M.; u.a. (1974)

Produktions- und Kostentheorie, Hamburg 1974

Schweizerische Vereinigung für Datenverarbeitung (SVD) (Hrsg.) (1993)
EDV-Kennzahlen 2. Aufl., Schriftenreihe des Instituts für Informatik der Universität Zürich, Band 2, Bern 1981, S. 28

Seibel, J. (1980)
Zero-Base-Budgeting. Mehr Wirtschaftlichkeit auch im Gemeinkostenbereich. In: Kostenrechnungspraxis, H. 3/1980, S. 119

Sommer, J; u.a. (1995)
Wertanalyse und verdeckte Kosten in Organisationsprozessen. In: VDI (Hrsg.): Wertanalyse optimiert Organisationsprozesse Düsseldorf 1995
Staudt, E. (1981)
Ursachen und Einflußfaktoren des Einsatzes neuer Automationstechnologien in Industrie und Verwaltung. In: Biethan, v. J.; Staudt, E.: Automation in Industrie und Verwaltung . Ökonomische Bedingungen und soziale Bewältigung, Berlin 1981, S. 14

Steinle, C.; u.a. (1989)
Gestaltung der Büroarbeit durch computergestützte Kommunikationsanalysen: Merkmale, Vergleich und Praxiseignung, Köln 1989

Szyperski, N.; Winnand, U. (1980)
Grundbegriffe der Unternehmensplanung, Stuttgart 1980

Szyperski, N.; Pulst, E. (1995)
Zur Wirtschaftlichkeit aktueller technik-gestützter Geschäftsprozesse. In: Informations Management, H. 3/1995, S. 24

Thomas, W. (1985)
Praxisbeispiel - Nr. 1 Gemeinkostenwertanalyse, In Ausschuß für wirtschaftliche Fertigung (Hrsg.), Rationalisierung indirekter Bereiche. Ergebnisse des AWF Arbeitskreises "Planung indirekter Bereiche", 1985, S 39 ff,

VDI-Gemeinschaftsausschuß (1972)
Wertanalyse , 1972, S. 5

Voigt, C. D. (1974)

Systematik und Einsatz der Wertanalyse 3. Aufl., Stuttgart 1974

Walter, M. (1983)
Arbeitsanalyse und Lohngestaltung, Stuttgart 1983

Watson, G.H.(1993)
Benchmarking, Landsberg/Lech 1993

Weber, J. (1990)
Einführung in das Controlling 2. Aufl., Stuttgart 1990

Welge, M.; u.a. (1980)
Effizienz, organisatorische. In: Grochla E. (Hrsg.): Handwörterbuch der Organisation 2. Aufl., Stuttgart 1980, S. 576

Wildemann, H. (1986)
Strategische Investitionsplanung für neue Technologien in der Produktion. In: Albach, H.; Wildemann, H. (Hrsg.): Strategische Investitionsplanung für neue Technologien. ZfB Ergänzungsheft 1/86, Wiesbaden 1986

Witte, E. (1984)
Produktivitätsmängel im Büro. In: Witte, E (Hrsg.): Bürokommunikation Vorträge des am 3./4. Mai 1983 in München abgehaltenen Kongresses. Band 9, Berlin 1984 Springer Verlag (Telecommunication)

Wollink, M. (1980)
Einflußgrößen der Organisation. In Grochla, E. (Hrsg.): Handwörterbuch der Organisation 2. Aufl., Stuttgart 1980, S.594

Zangl, H.; u.a. (1982)
Bürokommunikation im Teletex- und Telefax-Dienst - Chancen für die Produktivitätssteigerung im Bürobereich durch beschleunigten Nachrichtenaustausch. In ZfO H. 7/1982, S. 397

Zangl, H. (1985)
Durchlaufzeiten im Büro, Berlin 1985

Zimmermann, G (1992)

Prozeßorientierte Kostenrechnung in der öffentlichen Verwaltung. In: Controlling, H. 4/1992, S. 198 ff

Diplomarbeiten **Agentur**

Die Diplomarbeiten Agentur vermarktet seit 1996 erfolgreich Wirtschaftsstudien, Diplomarbeiten, Magisterarbeiten, Dissertationen und andere Studienabschlußarbeiten aller Fachbereiche und Hochschulen.

Seriosität, Professionalität und Exklusivität prägen unsere Leistungen:

- Kostenlose Aufnahme der Arbeiten in unser Lieferprogramm
- Faire Beteiligung an den Verkaufserlösen
- Autorinnen und Autoren können den Verkaufspreis selber festlegen
- Effizientes Marketing über viele Distributionskanäle
- Präsenz im Internet unter **http://www.diplom.de**
- Umfangreiches Angebot von mehreren tausend Arbeiten
- Großer Bekanntheitsgrad durch Fernsehen, Hörfunk und Printmedien

Setzen Sie sich mit uns in Verbindung:

Diplomarbeiten Agentur
Dipl. Kfm. Dipl. Hdl. Björn Bedey
Dipl. Wi.-Ing. Martin Haschke
und Guido Meyer GbR

Hermannstal 119 k
22119 Hamburg

Fon: 040 / 655 99 20
Fax: 040 / 655 99 222

agentur@diplom.de

www.ingramcontent.com/pod-product-compliance
Lightning Source LLC
LaVergne TN
LVHW092340060326
832902LV00008B/735